Isabelle Filliozat

PARTENAIRES

Jusqu'à ton dernier souffle

JC Lattès

Couverture : © LaLégende/Thierry Feuillet
Images : © DR

ISBN : 978-2-7096-6601-5

(Première édition septembre 2021)

15 MAI 2019

Jean Bernard est mort depuis huit mois. Je gravis la pente du champ que nous avons parcouru ensemble tant de fois avec nos chiens. C'était un de nos rituels quotidiens, la balade des chiens en fin de journée. Nous avions quelques parcours que nous affectionnions, dont celui-ci que nous appelions la balade du coucher de soleil, parce que de là-haut, un des points les plus hauts d'Aix-en-Provence, on avait une vue fantastique : d'un côté la montagne Sainte-Victoire, de l'autre, un fabuleux coucher de soleil quand nous y arrivions à l'heure où l'astre disparaissait derrière la montagne, irradiant le ciel d'orangés, de roses, de violets, de magnifiques couleurs si vite changeantes. Un spectacle chaque fois nouveau, à cent mètres de la maison.

Il n'est que 17 heures, le soleil est encore haut. Je n'ai pas emmené les chiens. Je suis là pour communier. Je porte avec précaution un plateau en bois pressé sur lequel j'ai disposé des ramequins contenant de petites quantités des plats favoris de Jean Bernard. Une amie m'avait conviée à rencontrer une chamane mongole de passage à Paris et officiant chez elle. J'étais dans la capitale ce jour-là. Pourquoi pas ? Munie des offrandes requises, je me suis présentée. À peine ma demande formulée, le visage de la traductrice s'est durci, ainsi que son ton. Selon elle, j'empêchais l'esprit de mon mari de « monter ». La chamane a écouté ma demande, m'a pris les mains, et à la suite de sa traductrice, quoique avec plus de délicatesse, s'est évertuée à m'intimer de laisser partir l'esprit de mon mari. Je n'avais pas à le maintenir autour de moi. Je n'ai pas aimé le côté moralisateur. Heureusement, depuis ces huit mois, j'avais lu de nombreux ouvrages, rencontré toutes sortes de gens et même été au Collège des Médiums en Angleterre. J'y avais entendu partout qu'aucun humain sur terre n'a le pouvoir d'empêcher la progression d'une âme dans l'au-delà. J'y avais aussi été alertée sur les jeux de pouvoir de certains consultants. Culpabiliser le client, le faire se sentir mal et se poser en sauveur est une technique. Mais je n'adhère pas. À la suite de cette séance, il m'était fortement conseillé de suivre une formation « qui me ferait beaucoup de bien ». C'était gratuit, on ne monnaye pas le chamanisme… mais il fallait tout de même sortir le chéquier pour payer les multiples frais. Si je n'ai rien gardé de leurs commentaires désagréables, j'ai tout de même retenu le rituel qu'elles me proposaient pour dire adieu à Jean Bernard, parce qu'il avait du sens et il était beau. Il s'agissait de réunir les plats qu'il aimait, de les lui préparer avec amour, d'allumer trois bougies et de les positionner autour, de méditer et de lui dire tout ce que je pouvais encore avoir à lui dire. Apaisée, je devais porter le plateau dans la nature et le rendre à la terre.

Rentrée dans notre grande maison d'Aix-en-Provence, j'ai pris quelques jours pour me préparer et réunir en conscience les éléments de ce rituel. Choisir les plats me permettait de convoquer des souvenirs, et puis j'avais l'embarras du choix, Jean Bernard aimait manger. Il disait souvent qu'il s'agissait d'un des grands plaisirs de la vie. En tout premier, bien sûr, il fallait des sushis. C'était le plat favori de Jean Bernard. Il disait toujours en blaguant qu'il en voudrait pour son dernier repas. Sushis et glace marron glacé de chez Berthillon, le glacier parisien mythique. Quelques jours avant sa mort, nous avions commandé des sushis pour le dîner. Nous avions les larmes aux yeux en lui donnant précautionneusement de petits bouts de nigiris dans la bouche. Il ne voyait plus grand-chose et déglutissait avec peine. Nous savions tous que c'était son dernier sushi. Sur mon plateau, j'ai disposé quelques pièces : tai (daurade) et son anguille fumée favorite, un california maki saumon avocat, sans oublier bien sûr le tamari, le gingembre et le wasabi. Sur une autre assiette, j'ai couché une feuille de jambon de Parme – ou est-ce de Bayonne – sur une tranche de melon. Melon/jambon, un assortiment gagnant.

Merci, madame la chamane. C'est incroyable comme disposer des mets peut éveiller des souvenirs. Le goût emplit ma bouche et me ramène en arrière. Les images se pressent pour se faire voir, se culbutent les unes les autres. La grande table dehors dans le jardin, Jean Bernard qui coupe le melon, Jean Bernard qui verse un peu d'alcool de melon dans le creux de son demi-melon, histoire de lui donner du goût. Il aimait tant ce fruit qu'il en achetait même si ce n'était pas encore ou déjà plus la saison. J'esquisse un sourire en me remémorant ces melons immangeables. J'entends le bruit de la trancheuse. Acheter à prix d'or de fines tranches de jambon de Parme emballées sous plastique ne nous paraissait ni économique ni écologique. Nous avions investi dans une trancheuse et achetions un jambon entier qu'il négociait avec le charcutier bio. Nous n'étions jamais à court de jambon. Un autre fruit évoque immanquablement Jean Bernard : la mangue. J'en déniche une au magasin bio. J'ajoute des fraises, des cerises, une banane et des myrtilles. Au rayon traiteur, je vois du bœuf thaï. J'en achète une barquette. C'est ce qu'il aurait choisi. J'achète aussi un poulet que je fais cuire plus de deux heures, comme il l'aimait, avec quelques haricots verts. Bon, il aurait préféré des pommes de terre sautées, c'est certain.

Mais je lui cuisinais des haricots verts. Et il s'agit d'un repas de communion. Je suis fâchée avec les pommes de terre. Bien sûr, elles n'ont pas tué Jean Bernard, mais Servan-Schreiber, dans son livre, les place parmi les aliments cancérogènes[1]. Même si mon amoureux aimait ça, je ne vais pas en mettre sur mon plateau. Depuis plusieurs années, il n'en mangeait qu'en mon absence. Pas de truc qui fâche dans le rituel. Bon, je fais une exception pour le pain, mais je le choisis au levain et je l'achète dans sa boulangerie préférée. J'en tartine une tranche de beurre et de confiture de mangue. Il va se régaler mon amoureux… Je pleure. Sur un autre morceau de pain, j'étale du foie de morue fumé et décore le tout d'une feuille de basilic.

Les yaourts ont eu une place particulière dans l'histoire de Jean Bernard. Il était si accro qu'il disait : « Une vie sans glace et sans yaourt n'est pas une vie. » Il en consommait chaque jour jusqu'au moment où il a testé un probiotique. Cinq jours plus tard, il a remis un pot de yaourt dans le frigo sans le terminer. C'est ainsi qu'il a découvert que ce n'était pas lui qui avait besoin de glace et de yaourt pour se sentir bien, mais les bactéries dans son intestin, les *Candida Albicans* pour être plus précis. Une fois ces derniers mis au tapis par une flore

1. David Servan-Schreiber, *Anticancer, Les gestes quotidiens pour la santé du corps et de l'esprit,* Robert Laffont.

en meilleur état, il n'avait plus tant que ça goût pour les produits laitiers. Je pose donc sur le plateau un peu de yaourt de coco, celui-là même que nous lui donnions pendant sa maladie et qu'il dégustait avec concentration. Une fraise, une cuillerée de miel. Je n'ai pas trouvé de miel de trèfle du Canada, de loin son préféré, mais un autre miel blanc et crémeux. Un verre d'eau, un autre de jus de betterave. Nous buvions très peu d'alcool. Et pour finir, un expresso et son carré de chocolat blanc. Mon plateau prêt, je l'ai porté jusque dans la petite salle où il pratiquait son bouddhisme. Je me suis agenouillée face à son autel. J'ai installé mes trois bougies comme commandé, une à droite, une à gauche et la troisième au milieu. J'ai fait sonner les bols de cristal et, entre deux sanglots, j'ai parlé à mon homme, dit ce qui me venait. De 14 à 17 heures, j'ai alterné temps de silence et temps de parole, posant des mots sur ma douleur, ma tristesse, ma colère aussi... J'ai chanté pour lui. J'ai regardé des photos sur mon téléphone. Que s'est-il passé il y a un an ? Je cherche les messages qu'il a pu m'envoyer. Il y a exactement un an, il était hospitalisé depuis la veille. Son SMS dit : « je t'aime de toute éternité et pour toujours. » Je pleure.

À 17 heures, je me suis levée avec mon plateau, j'ai enfermé les chiens pour qu'ils ne me suivent pas et je me suis avancée vers le champ, direction la balade du coucher de soleil. J'ai choisi des assiettes et autres récipients compostables pour pouvoir les laisser dans la nature. Dans les herbes, j'ai posé les plats. J'ai versé l'eau, le jus de betteraves et le café sur la terre et la sauce soja sur les sushis.

Je me sens apaisée. Je ne peux pas encore dire légère, mais oui, ressentant la joie. J'ai rencontré Jean Bernard il y a quarante-trois ans. Dix-sept ans d'amitié et vingt-six ans d'amour en couple. Je me sens riche de tout ce qu'il m'a apporté, de tout ce que nous avons vécu. Et nous avons vécu tant de choses. Une aventure pas banale déjà, puisque nous avons été amis avant d'être amants et parents. Et puis, une rencontre improbable entre deux mondes, une intello de gauche et un jeune premier de droite. Nous étions aussi deux passionnés de science et de conscience, dotés d'une immense curiosité pour l'humain et pour la vie. Nous n'avions pas la même pratique religieuse, mais des valeurs communes, et un même désir d'apporter à la vie plutôt que d'attendre ce qu'elle avait à nous donner. La maladie nous a surpris en plein bonheur. Le développement d'une tumeur dans son cerveau nous a ravagés et éveillés. Je vais vous relater ces mois intenses de notre histoire, vous partager les espoirs et désespoirs au gré des traitements et ces instants si empreints d'émotion aux portes de la mort. Je vais vous raconter comment l'amour peut aider à traverser les pires tempêtes.

Depuis le diagnostic, si nous mettions toute notre énergie dans la guérison – lui, nos deux enfants et moi –, l'hypothèse du décès restait ouverte. Jean Bernard n'ignorait rien de la gravité du processus enclenché dans son cerveau. Il était déterminé à guérir, à traverser tout ce qu'il aurait besoin de traverser pour vivre, mais il savait qu'une autre issue était possible. Lorsque nous croisions des voisins pendant la balade des chiens ou en faisant les courses, certains étaient presque choqués de la légèreté avec laquelle il évoquait l'éventualité de sa mort. Quand on annonçait sa maladie, les gens, amis, voisins, connaissances, commerçants, tout le monde était catastrophé et arborait immédiatement une mine de circonstance… Jean Bernard n'aimait pas cette mimique désolée qui ne collait pas avec son vécu intérieur. Il avait besoin d'empathie, certes, mais surtout d'amour et de joie. Il ajoutait tout de suite : « Je n'ai pas peur de la mort. » Il parlait très facilement de ce qui lui arrivait. Il répétait qu'il avait soixante ans, parlait de choc, mais aussi de chance, d'amour. Il y allait de sa petite phrase pleine de sagesse et soulignait l'importance d'accueillir épreuves et obstacles avec gratitude, puisque cela nous enseignait quelque chose et nous faisait grandir. Il ne disait pas la peur ou la douleur, ou alors en blaguant… et encore, surtout avec ses infirmières. Il est vrai que c'est elles qui lui infligeront ce qui sera le plus éprouvant sur le plan physique : la piqûre d'anticoagulants. Il remontait le moral à tout le monde, souriait et disait à qui voulait l'entendre que cette maladie était une bénédiction. Au retour d'une promenade, au cours de laquelle il avait balayé d'un revers d'optimisme la compassion d'une voisine, je lui en ai parlé. À partir de cet instant, comme si je lui avais donné la permission dont il avait besoin, avant de s'adresser à quelqu'un, il prenait soin d'écouter ce qui se passait en lui pour rester au plus près de son ressenti du moment. Ce n'est pas que son sourire, son optimisme légendaire n'aient pas été authentiques. Ils l'étaient. Jean Bernard était inspirant. Mais parfois, l'attitude devenait masque. L'accueil des émotions ne faisant pas partie de la culture de ses parents, il avait depuis longtemps pris le pli de sourire quand ça pleurait à l'intérieur. Il maniait l'humour pour tenir les autres à distance, ne pas risquer de les perturber avec ses larmes. Jean Bernard avait conscience que ce masque participait à maintenir un état de stress peu favorable à la guérison. Il était prêt à lever cette protection et à montrer davantage ses émotions. Jusqu'au bout, il aura tenté de grandir et de s'améliorer, de tirer le maximum de cette traversée pour accomplir sa « révolution humaine ».

18 AVRIL 2018

Un peu plus d'un avant cette cérémonie, à la mi-avril 2018, Jean Bernard et moi prenions notre café près de la piscine en devisant sur nos vies. Ce moment privilégié d'intimité était un rituel auquel nous dérogions rarement, même si de temps à autre, l'un de nous se contentait d'un verre d'eau. Hormis les jours pluvieux où le canapé du salon nous accueillait, nous sortions sous le soleil aixois après le déjeuner pour notre « café-piscine », avec sa variante « café-serre » s'il faisait trop froid ou trop venteux. Nous sirotions de concert notre petit noir, Jean Bernard croquait par petits bouts son carré de chocolat blanc, et nous débriefions notre quotidien.

La veille, je m'étais rendue à l'Élysée sur l'invitation de la conseillère du président de la République chargée de l'égalité et de la famille. Elle était consciente du retard de la France sur les autres pays européens et voulait réfléchir à une nouvelle politique de parentalité. Jean Bernard partageait mon engagement. Nous avions fait tant de projets ensemble pour améliorer le quotidien des enfants et de leurs parents, une école, un hôtel à vocation d'échanges et de transmission de valeurs… Ayant été entendue quelques semaines auparavant au ministère des Solidarités par la Commission pauvreté, j'avais déjà réfléchi à la question d'une politique et présenté un projet de parcours parentalité. J'avais insisté sur deux dimensions : fournir un cadre qui permette aux enfants de bien grandir, incluant urbanisme, diminution de la pollution et lutte contre la pauvreté… et soutenir la parentalité par l'information et la formation des parents. Jean Bernard était fier de moi et vraiment content de ces avancées pour la parentalité, mais cela impliquait de nombreux voyages à Paris et mes absences lui pesaient. Cette année-là, j'avais beaucoup voyagé. Je n'avais même pas été présente le jour de ses soixante ans. Il m'avait encouragée à accepter une conférence en Belgique devant 1 400 personnes, mais par la suite, quoique davantage constatation que reproche, il serinera : « Et Isabelle n'était même pas là pour mon anniversaire. »

Au début de la maladie, il a commencé un journal. Il n'y inscrira finalement qu'une phrase : « Découvrir à soixante ans qu'on a un cancer est un choc. » Il répétait si souvent son âge à tout un chacun, que je me disais que cela revêtait pour lui une signification particulière. L'avenir l'a dit. Pour son anniversaire, j'avais composé un poème à son intention, que je lui avais posté depuis Bruxelles. Il en avait été profondément ému, mais je n'étais pas à ses côtés pour souffler avec lui les bougies. Maxime, qui l'avait invité au restaurant à Marseille, m'a confié bien après l'inquiétude qui l'avait étreint ce soir-là. Jean Bernard partageait ses nouveaux projets avec son enthousiasme légendaire, mais il se répétait étrangement, devenant confus par intermittence. Sur le parking, errant pour retrouver sa voiture, il avait semblé si déboussolé, si perdu, que Maxime lui avait même proposé de le ramener à Aix. Jean Bernard avait décliné : « Non, non, ça va aller. » Les jours suivants, ils avaient parlé plusieurs fois au téléphone. Certaines conversations avec Jean Bernard lui laissaient un goût étrange. Jean Bernard s'attelait à assainir sa société. Pour cela, il avait contracté un nouvel emprunt pour rembourser toutes les petites dettes éparpillées, et il lui faudrait réduire le nombre de ses salariés. De temps à autre il glissait à Maxime : « J'arrive pas à trouver mes mots, mon cerveau, ça va pas du tout… » Bien avant le diagnostic, Jean Bernard était désemparé devant la confusion qui commençait à l'envahir. Sans vouloir s'appesantir, il en avait aussi touché quelques mots à son partenaire de tennis, Marcel. Mais, à l'intérieur de la famille, il ne disait rien.

18 avril 2018

Nos enfants étaient désormais de jeunes adultes et vivaient loin de nous. Margot, vingt-cinq ans, avait repris l'université aux Pays-Bas. Et Adrien, vingt-trois ans, faisait des études de massage thérapeutique en Australie. Pour les vacances de Noël, Bali était une destination intermédiaire pour nous retrouver à un prix abordable et avec un nombre d'heures de vol acceptable. Un jour, à table, lors de ce magnifique voyage à quatre, nous nous étions, les enfants et moi, étonnés qu'il ne se souvienne pas d'un moment important de notre histoire familiale. Mais Jean Bernard avait balayé le problème. Nous ne pouvions imaginer ce qui se tramait en silence dans ses cellules cérébrales. Au retour, je l'avais tout de même incité à consulter, car sa mémoire me semblait plus défaillante que d'habitude. Lui disait que non. C'était moi qui pensais avoir dit quelque chose alors que je ne l'avais pas dit. Et puis, il soulignait que ses soucis de mémoire ne dataient pas d'aujourd'hui. Il banalisait, il minimisait. A posteriori, j'ai identifié d'autres signes que je n'ai pas su voir sur le moment. Il était souvent fatigué, stressé par son entreprise. Nous en parlions, mais je n'imaginais pas que la situation lui pesait à ce point. Le soir, il s'affalait volontiers devant un film, *The Voice* ou *La France a un incroyable talent.* Regarder de temps à autre la télé, OK, mais tous les jours… J'aurais dû réaliser qu'il était plus fatigué que d'ordinaire, qu'il était sous tension et ne me disait pas tout.

Mais je travaillais beaucoup et puis, nous étions heureux ensemble, pleins de gratitude pour la vie, pour notre vie, pour notre amour. Et nous nous le disions régulièrement, notamment au moment du café-piscine.

Ce jour-là, en marchant vers la maison, sa tasse vide à la main, il me dit : « Je ne te demande qu'une chose, ne deviens pas ministre ! » C'était deux jours avant l'énorme mal de tête qui a signé l'entrée dans la maladie. Ces mots ont longtemps résonné dans ma tête… Serait-il possible qu'il se soit en quelque sorte effacé ? La question me taraudait et, n'y tenant plus, je la lui ai même posée directement, au cœur de la maladie. Évidemment, il a répondu par la négative, sans que je parvienne totalement à le croire. En même temps, je me raisonnais : il était mon soutien, la source de mon énergie. J'avais besoin de lui, de sa présence à l'intérieur pour combattre à l'extérieur. Il le savait. Aurait-il eu du mal à vivre une plus grande popularité que celle dont je bénéficiais déjà ? C'est possible, il était à la fois très admiratif, et mal dans des événements me mettant en lumière et le cantonnant au rôle de « simple mari ». Il sortait tout ombrageux de ces situations. Mais lui aussi était très impliqué dans la parentalité positive, la non-violence et le désir d'instaurer de nouvelles relations entre les gens, et plus particulièrement entre les parents et les enfants. Malgré la bêtise de mon idée, elle est restée longtemps, lancinante, dans mon esprit. Une façon comme une autre de me sentir coupable. Une façon comme une autre de tenter de reprendre du contrôle sur l'incontrôlable. J'avais beau le savoir – j'ai écrit, avec ma mère, un livre sur le sujet de la culpabilité dans lequel nous disséquons ce sentiment –, je n'arrivais pas à m'empêcher d'y penser, en particulier un an après, quand j'ai été nommée par le président de la République, Emmanuel Macron, non pas ministre, mais vice-présidente de la commission des 1 000 premiers jours.

Deux jours après avoir prononcé cette petite phrase qui m'a hantée, mon amoureux rentre du bureau pâle, décomposé, terrassé par un mal de tête si violent qu'il me dit avoir conduit à trente kilomètres à l'heure sur le chemin du retour. J'allais me souvenir longtemps de ce vendredi 20 avril 2018. Jean Bernard me demande d'aller à sa place chercher son père qui venait passer le week-end avec nous. Jean Bernard, conduisant à trente à l'heure sur une route qu'il connaît par cœur et incapable d'aller à la gare ? Je mesure immédiatement que ce n'est pas un mal de tête comme un autre. C'est forcément grave. Inquiète, je veux appeler SOS médecin, le 15… Il refuse. « Ça va passer. » Il veut juste se reposer un peu et monte s'allonger dans la chambre de notre fils, que nous avions investie car notre propre lit s'était dégonflé. Jean Bernard exposait régulièrement à la foire de Paris. Il adorait les inventions insolites présentées au Concours Lépine, les objets originaux, bizarres, inventifs ! Il cherchait ensuite à les commercialiser dans sa boutique MOSKID. Nous avions craqué sur le fabuleux lit ultra confortable : des centaines de plots de bois de diverses essences dressées sur quatre matelas à air. Ce lit avait valu au super inventeur Claude Dumas le prix du Premier ministre en 1995. Fin février, le côté de Jean Bernard s'est affaissé. On regonfle, peine perdue, ça ne tient pas ! Trois ans plus tard, je n'ai pas encore trouvé de solution. C'était la première d'une bonne série de fuites…

Je lui apporte un verre d'eau et un Doliprane qui reste sans grand effet… J'ai à peine dix minutes avant de devoir aller chercher mon beau-père. Je n'ai pas envie de le laisser. Je pose un téléphone à ses côtés et le supplie d'appeler le 15 si ça ne va pas mieux. Il répond que ça va aller, qu'il a juste besoin de rester un peu tranquille, de se reposer. Ma société a ses bureaux au rez-de-chaussée de notre maison, je demande à mon assistante de prêter l'oreille et de monter à la moindre alerte. Je suis vraiment inquiète… Mais pourquoi n'ai-je pas appelé le 15 ?

Retrouvant mon beau-père à la gare, je partage avec lui mon inquiétude. Il arrive de Paris pour passer un week-end agréable avec nous, mais il se pourrait bien que nous devions emmener Jean Bernard aux urgences... De retour à la maison, nous trouvons mon amoureux un peu mieux après son bref repos. Dans la suite de la journée, il est présent bien que ralenti et nauséeux. Mal de tête plus nausées… je ne suis pas idiote, je sais que ça signifie que ce peut être grave, pourquoi je n'ai pas appelé le 15 malgré ses résistances ? Jean Bernard était toujours optimiste et se moquait volontiers de ma tendance à paniquer. Du coup, je n'ai pas fait confiance à mon intuition. Et puis, il y avait Gérard, mon beau-père, venu de Paris… S'il n'avait pas été là, aurais-je emmené mon mari aux urgences ? Est-ce que l'avenir aurait été différent ? Aurait-on pu le sauver ? Et si, et si… A posteriori, on mesure tous les embranchements que nous n'avons pas pris et qui peut-être, auraient mené à une autre issue. C'est le chemin de l'existence. On n'a qu'une seule vie à la fois. En ce premier jour de symptômes, j'ai souscrit aux convenances et opté pour l'attente. Depuis, j'ai lu de nombreux témoignages et Jean Bernard est loin d'être le seul à ne pas vouloir alerter les urgences lors d'un malaise. La soirée du vendredi se déroule tranquillement. Il a toujours mal à la tête, mais il a suffisamment récupéré pour passer des moments agréables avec son père, conduire sa voiture pour l'emmener visiter son entreprise et même le ramener au TGV le dimanche soir.

Le lundi matin, je repars donner une série de conférences à Lille et en Belgique, j'y suis jusqu'au 27. Mon planning est dense, et nous communiquons peu. Nos échanges Skype sont plus rares et plus courts que d'habitude. Il raccroche vite. Il ne me parle pas des difficultés qu'il rencontre, de sa désorientation, de ses nausées. Il ne veut pas m'inquiéter.

Jean Bernard vient me chercher à l'aéroport en fin de matinée. Il est content de me retrouver. Il me raconte qu'il n'a que très peu mangé depuis que je suis partie. Il n'avait pas faim, se sentait faible, comme vidé, pas envie de cuisiner et, de toute façon, il n'arrivait pas à avaler. Le mal de tête s'est fait plus léger, mais il est resté persistant. Il me parle de manque de vigilance, de fatigue extrême, de cerveau au ralenti et de perte de mémoire. Mais il ne veut pas consulter. Il pense que tout cela est psychologique. Il est stressé. Son entreprise va si mal. Soucieuse, je prépare le repas. Il mange de bon appétit. Ça me rassure. Il a toujours aimé ma cuisine et le redit. L'après-midi se passe, puis la soirée. Nous sommes bien ensemble mais je suis inquiète, il ne me dit pas tout, je le sens.

Le samedi matin, il me demande de l'accompagner dans la yourte pour libérer ce stress qui le terrasse. Il veut y aller avant le repas, il sent que des émotions le bloquent et lui ôtent toute faim. Cette yourte, nous en rêvions depuis des années et l'avions demandée comme cadeau de mariage. J'avais été fascinée par les yourtes américaines, si lumineuses avec leurs nombreuses fenêtres… mais hors de prix. La rencontre avec Florian nous a permis de réaliser notre rêve : une yourte occidentale, avec des tas de fenêtres sur la nature. C'est notre espace sans internet, sans téléphone, sans électronique. Un espace pour être. Un espace rond, chaleureux. C'est aussi notre lieu de partage, de guérison, de résolution de conflit. Un lieu spécifique, identifié, un cadre sécurisant qui aide à se centrer sur le souci du jour.

Nous nous installons au sol sur des coussins. Jean Bernard commence à raconter ce qu'il vit. Il parle du stress qui l'étreint, du malaise qu'il éprouve. Son état lui semble lié à la répression d'émotions qu'il veut réussir à exprimer pour s'en libérer. À ses yeux, le mal de tête qui l'a terrassé la semaine précédente est lié à la venue de son père. Il évoque sa relation difficile avec ce dernier, le jugement qu'il sent peser sur lui, son désir toujours déçu de plaire à son papa. Il a le sentiment de ne jamais le satisfaire, de ne jamais parvenir à se montrer à la hauteur de ses attentes. Il raconte qu'il lui a fait visiter les nouveaux locaux de sa société, Vivre-Mieux, sans lui arracher de « Oh » ou de « Ah » ou même d'un petit « bravo mon fils ». Gérard l'admire pourtant. Dans son entourage, il ne tarit pas d'éloges sur son Jean Bernard si innovant et précurseur. Mais face à son garçon, il n'a pas les mots. Pire, quand il pense manifester son intérêt, ses questions ou commentaires, portant souvent sur les finances, sont mal pris par son fils qui les interprète comme autant de dévalorisations.

Et puis, il y a le poids de Vivre-Mieux. Il pleure en me racontant que ses salariés lui demandent sans cesse « Alors Jean Bernard, vous nous trouvez un nouveau produit ? » Et il n'en trouve plus. Du coup, il n'ose plus se rendre au bureau. Il se sent impuissant. Il a peur aussi, de ne pas réussir à tenir financièrement. Il a désormais douze salariés. De nouveaux projets coûteux. De l'emprunt de 200 000 euros qu'il vient de contracter auprès de la banque, il lui reste à peine 40 000 après avoir remboursé les petites dettes qu'il avait un peu partout. Il a toujours beaucoup jonglé avec l'argent. Il ne pensait pas avoir tant de dettes. Il sait qu'il faudrait licencier deux personnes au moins, mais ne parvient pas à s'y résoudre. Trop dur sur le plan humain. Pendant deux heures, il parle, de lui, de sa société, de son sentiment d'échec, du regard de son père, de ses peurs et de sa honte de ne pas y arriver face à ses salariés qui attendent tant de lui. Il pleure. Il parle facilement. Je n'ai plus l'impression qu'il a le cerveau malade. J'accueille son vécu, je l'aide à faire le tri dans ses sentiments, à faire des liens. Souvent, nous nous disions « Mais comment font ceux qui ne sont pas psys ? » Comment fait-on pour traverser les épreuves quand on n'a pas appris l'écoute et l'accompagnement des émotions ? Je mesure ma chance et ça me motive à transmettre. Après ce temps dans la yourte, il se sent vraiment mieux. La nausée a disparu. Il se sent apaisé et il a faim ! Je suis soulagée aussi, j'y crois. Nous avons fait émerger quelques pistes d'exploration psychologique et je retrouve mon Jean Bernard heureux.

Nous téléphonons tout de même à nos amis médecins. Au vu des symptômes, François pense qu'il a fait un AVC. Il nous envoie par la poste une ordonnance pour une IRM. Homéopathe, Olivier prescrit des granules et du magnésium.

Ma mère vient passer quelques jours avec nous. Tout se passe comme d'habitude à ceci près que pour la première fois, Jean Bernard ne monte pas la valise de sa belle-mère jusque dans sa chambre. Sinon, il conduit, travaille, il va au bureau. Il est fatigué, un peu ralenti, parfois un peu absent, le regard au loin, mais il est toujours joyeux et chaleureux. Ma mère note qu'il s'est remis à s'arracher les ongles, signe de stress.

Après le départ d'Anma, il assiste à une réunion bouddhiste qui va prendre une grande importance pour lui. Jean Bernard pratique le bouddhisme depuis plus de quarante ans, et se rend régulièrement dans les réunions de discussion. D'ordinaire, il y occupe une grande place, il aime parler, raconter, partager, communiquer. Quand il rentre ce soir-là, il me relate être resté muet. Et ça ne lui ressemble pas ! Il est largué, me dit-il. De plus, il a mal vécu que, hormis un seul, personne ne lui ait posé de questions ou ne se soit préoccupé de lui. Cette expérience rebondissait sur un sentiment très présent chez lui, de donner beaucoup et de peu recevoir.

Dans les jours qui suivront, l'histoire reviendra, il en cauchemardera la nuit.

Jean Bernard joue au tennis une à deux fois par semaine. Ce 5 mai, il rentre un peu plus tôt que prévu de sa partie. Il a eu du mal, me dit-il, sans vraiment entrer dans les détails. Il ne me dit pas qu'il n'y arrivait plus du tout, que sa perception de la vitesse de la balle était altérée et qu'il ne parvenait plus à faire coïncider la trajectoire de sa raquette avec celle de la balle. Ce n'est que bien plus tard que son partenaire de tennis m'a raconté qu'il avait mis fin aux échanges en voyant combien Jean Bernard semblait en difficulté. Ce jour-là, m'a-t-il confié, Jean Bernard était arrivé au tennis sans dire un mot, ce qui ne lui ressemblait guère. Il ne voulait pas parler. « Allez, Marcel, on joue ! » Et il voulait jouer à fond. Mais au bout de vingt minutes, ils avaient dû faire une pause : « J'ai mal à la tête, j'ai des vertiges. » Ils n'ont pas repris longtemps, Jean Bernard était épuisé. Assis sur le banc sur le côté du court, ils n'ont échangé que quelques mots. Jean Bernard se demandait ce qui lui arrivait, mais refusait d'en discuter.

Jean Bernard ne veut pas non plus en parler avec moi, mais je vois bien que ça ne va pas. J'envoie un mail à Olivier : « Il ne va vraiment pas bien. Il est complètement noué. Je surveille qu'il prenne l'homéopathie et le magnésium… Là, il est parti dormir… et ne veut pas manger. Il alterne entre prise de conscience et fermeture… Pas facile. » J'alerte Margot : « J'ai hâte que tu sois là. Ton papou ne va pas bien du tout… Stress, fatigue… Vivre-Mieux le soucie beaucoup. »

Le lendemain, à le voir si ralenti, parfois déséquilibré et se trompant, se répétant, je veux l'emmener à l'hôpital, mais il refuse tout net. Devant mon insistance, il finit par accepter que j'appelle le 15. Ces derniers se montrent rassurants, ils n'envoient pas de médecin à domicile, mais il faudra faire un bilan dans les jours qui viennent. Consultés par téléphone, nos amis médecins sont partagés. François souligne l'importance de faire une IRM, mais à ses yeux, l'urgence est passée. Pour Olivier, elle n'est pas passée du tout. Il est inquiet et plaide pour que nous nous rendions au plus vite à la Timone… Le médecin traitant de Jean Bernard parle de burn-out, lui-même l'ayant vécu. Il en est certain, ce n'est que du stress. Pour lui, inutile de s'exciter et de faire des analyses… Il faut seulement qu'il se repose. Je raccroche assez énervée par ce discours pontifiant qui ne va pas m'aider à décider mon homme à se rendre à l'hôpital. L'hypothèse d'un burn-out est bien sûr plus séduisante aux yeux de mon amoureux que celle d'un accident dans son cerveau. Mais l'insistance même de ce médecin à ne rien faire d'autre que se reposer le fait douter de la fiabilité de son diagnostic. Connaissant la forte tendance à la projection de ce donneur de leçons, Jean Bernard hésite. Il continue toutefois à refuser de se rendre aux urgences. En fin de journée, il va un peu mieux. Nous ne pouvons que vivre ce qui se présente devant nous au fur et à mesure.

Le lundi soir, nous sommes invités à dîner par un couple d'amis à une petite demi-heure de chez nous en voiture. Jean Bernard conduit à l'aller comme au retour, je reste vigilante à ses côtés. Dès notre arrivée, il tombe dans les bras de son ami en pleurant. Il raconte sa détresse, son stress, il expose sa vulnérabilité, ses doutes… Ils se sont rencontrés dans un groupe d'hommes. Ils ont l'habitude des partages intimes. Le moment est émouvant. Jean Bernard n'est qu'émotion. Sergio lui souligne qu'il se croit homme d'argent en échec, alors qu'il est un homme de cœur répandant la bonté. Il a inspiré, aidé, soutenu et éclairé tant de gens autour de lui. La réussite ne se mesure pas à l'aune de la richesse financière. Jean Bernard partage une autre richesse, bien plus grande. Entendre ces mots lui fait un bien fou, même s'il n'est pas tout à fait convaincu d'être cette personne fantastique que lui décrit son ami.

Le début de la semaine se passe comme dans un silence… Quelque chose en moi est arrêté et attend. Nous suivons notre routine de couple, café-piscine, balade des chiens… Nous travaillons chacun dans notre bureau tout en passant voir l'autre de temps à autre. Le monde matériel tente de nous parler : notre lit se dégonfle, un robinet goutte dans notre salle de bains et maintenant la piscine fuit… Nous avons fait construire une piscine naturelle : les plantes filtrent l'eau, les poissons mangent les larves de moustique et nourrissent les plantes… Une eau limpide et le plaisir de nager avec les poissons rouges… Mais il n'y a plus que cinquante centimètres d'eau dans le fond. Si ça continue, il faudra mener une opération sauvetage de poissons.

Trois ans plus tard, la piscine est toujours vide. Le robinet est désormais démonté, je n'ai plus besoin de deux lavabos. Les matelas à air sont toujours dégonflés, le creux de son côté du lit souligne son absence.

Mais à ce moment-là, nous nous contentons de constater les faits sans leur donner de sens. Nous déjeunons, dînons, faisons la vaisselle, regardons la télé… Mais Jean Bernard est vraiment ralenti et bizarre. Je refuse ses avances. Nous adorons faire l'amour ensemble et nous avons une règle : pas de jeu de pouvoir sous la couette. Nous refusons donc rarement un câlin. Mais là, pour moi, c'est non. Nous en parlons. Je lui explique que je ne suis pas prête à faire l'amour avec lui tant que nous ne savons pas ce qui se passe. Je crains un autre accident cérébral. Et puis, je le lui dis, il n'est pas lui-même, ça me fait peur. Je ne reconnais plus le contact de son corps, c'est une sensation très étrange, très déstabilisante. Quelque chose est différent dans le toucher de sa peau, dans sa tonicité, dans l'énergie qui émane de lui. Lui-même se sent un peu vacillant, mais comme une de nos autres règles est de ne jamais laisser passer plus d'une semaine sans faire l'amour… il proposait. Il mesure de plus en plus que ça ne va pas. Il veut bien consulter. Nous sommes la semaine des ponts, pas facile de trouver un rendez-vous. Le 9 mai, je craque et j'appelle SOS Médecins. Arrivée très vite, elle écoute, observe, teste les réflexes sensori-moteurs de Jean Bernard, sa vision aussi. Puis elle passe aux tests cognitifs : Quel jour sommes-nous ? Qui est le président de la République ? Des questions qui lui seront souvent posées par la suite. Ses réponses seront si variées que nous finirons par en rire. Ce soir-là Jean Bernard répond avec assurance : « On est en 2028… Le président, c'est Sarkozy… » La médecin le regarde. Vous êtes sûr ? Mais l'erreur ne semble pas la troubler outre mesure. Je décris les symptômes : Jean Bernard se répète sans s'en rendre compte, pose plusieurs fois la même question sans mémoriser la réponse. Il a de plus en plus de difficultés à taper sur son clavier. Sa pensée semble engourdie. Une fatigue extrême l'abat, il marche lentement et dort beaucoup. Et il éprouve comme une pression constante dans la tête. Verdict de SOS Médecins : Ce peut être un burn-out particulièrement sévère ou il a fait un AVC. Inutile de se présenter aux urgences car le danger est écarté, mais il faudra faire une IRM. Elle prescrit une prise de sang. Elle insiste : si toutefois le mal de tête revient :

direct aux urgences. Dès son départ, je surfe sur Doctolib pour dénicher un rendez-vous pour une IRM, Jean Bernard a enfin donné son accord. Rien avant un mois. Je prends.

Le lendemain matin, Jean Bernard se prépare à aller faire sa prise de sang. Le labo a déménagé à Éguilles. Il panique à l'idée de ne pas trouver mais refuse que je l'accompagne. Je lui explique et réexplique le chemin, lui fait un croquis, tout en mesurant qu'il se passe vraiment quelque chose d'étrange. Jean Bernard connaît parfaitement l'endroit. C'est le village le plus proche de chez nous. Il passe dans cette rue plusieurs fois par semaine. Il ne devrait pas être désorienté à ce point. Je finis par faire preuve d'autorité : « Je t'emmène ». Nous montons en voiture et il me laisse prendre le volant. Je lui raconte le chemin, réalisant qu'il est comme perdu. « Tu vois, c'est juste là, en face de la pharmacie. » En me garant, pour atténuer mon angoisse autant que pour le rassurer, j'ajoute : « Bien sûr que tu aurais pu conduire et y aller seul, mais c'est plus sympa à deux, non ? » Résultats de la prise de sang vendredi. Le reste de la journée, il se sent calme, tranquille et dort beaucoup. Nous nous racontons en boucle les conclusions de SOS Médecins, qui sont aussi celles du médecin qui le suit depuis des années. Seul notre ami homéopathe Olivier reste inquiet et insiste pour que nous nous rendions aux urgences de la Timone. Margot arrive pour passer quelques jours avec nous.

Le 11 mai au matin, soutenue par Margot, j'agis. Malgré ses résistances, je conduis Jean Bernard aux urgences de l'hôpital d'Aix. Son état est stationnaire, donc terriblement inquiétant, et surtout le mal de tête est revenu, même s'il est encore léger. Aux urgences, ils ne veulent pas me laisser entrer avec lui. J'ai beau insister et souligner qu'il a tant de problèmes de mémoire, qu'il ne saura pas forcément décrire ses symptômes… Ils me disent qu'ils connaissent leur métier et que c'est la règle. L'infirmier de l'accueil accepte de prendre quelques notes puis m'intime de laisser entrer seul mon amoureux.

Il ressort deux heures plus tard. Ils n'ont fait qu'une prise de sang. Tout est bon pour eux ! « Vous êtes stressé, il faut vous reposer. » Jean Bernard est rassuré. Pas moi. Oui, bien sûr que Jean Bernard est stressé. Mais je note que sur son rapport, le médecin parle d'angoisse… Or c'est justement cela qui me frappe, Jean Bernard ne manifeste aucune angoisse. Et je ne comprends pas que ce docteur n'y ait pas vu une étrangeté. Cette femme a écouté ce qu'il racontait sur son stress au travail et s'est arrêtée là, sans prendre la mesure de ses pertes de repère, de sa désorientation, de sa mémoire approximative. Je suis atterrée, mais impuissante. Nous avions réservé une table dans un restaurant que Margot affectionne, mais nous annulons. Il est vraiment trop fatigué et nous sommes trop préoccupées.

Le 12, je dois donner une conférence dans un salon du livre à deux heures de route. J'hésite à m'y rendre, mais Margot est là pour prendre soin de son papa. À mon retour, je trouve mon homme encore diminué, et notre fille très inquiète. Dès qu'il est endormi, elle me prend à part et me raconte : la journée a été éprouvante. Tout semble s'aggraver. Et surtout, elle a vu son père hésiter sur le clavier, il ne savait plus taper les mots sur son ordinateur. Nous nous sentons si démunies. Le corps médical dit : « Il n'y a rien qu'un peu de stress. » Jean Bernard s'engouffre dans cette faille : « Les médecins ont dit qu'il me suffit d'un peu de repos. » Heureusement, nous sommes deux, Margot et moi, l'une validant les constatations de l'autre. Non, nos sens ne nous trompent pas. Il se passe quelque chose de grave.

Margot m'aide à m'inquiéter et surtout, elle agit. Dès que le décalage horaire lui permet d'appeler les États-Unis, elle contacte une de ses amies, infirmière spécialisée en pathologies cérébrales. Lissa se montre très claire : il y a urgence absolue. Ce n'est pas parce que l'hôpital d'Aix n'a rien vu qu'il n'y a rien. D'ailleurs, ils n'ont rien vu parce qu'ils n'ont pas regardé. Il faut impérativement que des examens complémentaires soient menés. D'une voix très ferme, forte de sa science et de son expérience, elle insiste : « Tu fais une scène et tu ne ressors pas tant qu'il n'a pas passé une IRM. » Margot me relate l'entretien téléphonique. Je ne suis pas difficile à convaincre. La fermeté de cette femme, cet encouragement à nous rebeller contre l'immobilisme, nous donne la permission dont nous avons besoin et la force d'oser. Nous ne mesurons pas toujours combien des personnes extérieures à la situation peuvent être aidantes. Elles peuvent avoir un regard, une conscience, une présence d'esprit et une énergie qu'on n'a plus quand on est impliqué et affecté émotionnellement, figé par le stress. Quand on se cogne à un mur, il faut parfois que ce soit une tierce personne qui nous rappelle que ce mur peut être franchi autrement. Lissa nous permet de sortir de la paralysie dans laquelle nous maintenait notre soumission au pouvoir médical. Nous sommes déterminées à l'emmener dès le lendemain matin à l'hôpital de la Timone à Marseille. Ils sont à la pointe en neuro.

Margot et moi complotons et élaborons nos stratégies pour vaincre les résistances de son papa. Au matin, nous avons moins de mal que prévu à le convaincre. Il commence lui aussi à réaliser que ça ne va pas du tout. En voiture ! Je revois la route que je referai tant de fois pendant la maladie. Jean Bernard est à mes côtés, assez silencieux, un peu raide. Je me gare dans le parking souterrain et nous avançons vers l'accueil des urgences. Jean Bernard peine à marcher, il traîne les pieds et son équilibre est précaire. Nous devons le soutenir à deux. Nous sommes reçus assez rapidement. L'infirmière me convie dans le box, ouf ! Je relate l'historique et lui décris les symptômes. Elle note. Elle semble interloquée que le médecin urgentiste de l'hôpital d'Aix ait conclu à un simple coup de stress, mais relativise pour ne pas charger un collègue. Je lui montre le compte rendu de l'hôpital d'Aix, décrivant un patient angoissé. Or elle peut constater qu'elle a devant elle un Jean Bernard souriant, avenant et plein d'humour, blaguant avec elle. Il a peu de force, il dit n'importe quoi, ne se souvient ni du jour de la semaine ni du nom de l'hôpital, mais il est tranquille, bien trop tranquille. Elle m'accorde que cela aurait dû mettre la puce à l'oreille de la docteure d'Aix. Jean Bernard est installé sur un brancard, il doit entrer seul dans la salle des urgences pour la consultation, mais l'infirmière me promet qu'on lui fera un scanner et peut-être une IRM. Je retourne auprès de Margot dans la salle d'attente. Un peu plus tard, le médecin me fait appeler, il veut m'entendre. Ouf ! Merci ! Il trouve Jean Bernard plutôt bien, s'exprimant correctement. Je lui propose de le faire marcher… Et là, je pense halluciner… Tout à l'heure, on devait presque le porter et maintenant voilà qu'il marche allègrement et avec une aisance déconcertante devant l'interne. Mais ce dernier m'écoute et me croit. Ils ne se débarrassent pas de lui comme à Aix, en parlant de burn-out et de stress. Scanner, ponction lombaire, IRM, ils vont chercher. Je retourne patienter dans la salle d'attente avec Margot. Ayant appris que nous étions aux urgences, Marcel, le partenaire de tennis de Jean Bernard vient nous tenir compagnie pendant un moment. Margot grignote petit à petit les tranches de jambon cru et autres provisions apportées pour son papa en prévision d'une hospitalisation. Je sors m'acheter un croissant. Nous patientons depuis plus de huit heures sur les chaises dures de la salle d'attente quand notre nom est enfin appelé. Nous voulons entrer toutes les deux, mais on nous fait barrage : une seule personne à la fois. Margot reste seule tandis que je pénètre dans les couloirs.

L'annonce

Dans le box, Jean Bernard est allongé sur son brancard. Je lui jette un regard anxieux et interrogatif. Avant que nous n'ayons pu parler, l'interne entre. C'est un grand beau jeune homme au regard doux et à la voix apaisante. Sur un ton professionnel, mais concerné, il explique que le scanner ayant montré une image anormale, ils ont fait une IRM. Pas de doute possible, l'image confirme une importante lésion du lobe temporal jusqu'au corps calleux, dans les profondeurs du cerveau. Jean Bernard reste hospitalisé. Je pose la question de la tumeur, l'interne refuse ce mot. À ce stade, on parle de lésion. Mais il ne nous cache pas que c'est sérieux. Nous lisons la gravité de l'annonce dans ses yeux, dans son ton grave et attentif à nous. Margot entre.

Peu après que la porte se fut refermée sur moi, notre ami Maxime s'est présenté à l'accueil et a demandé à voir M. Fried. Margot a entendu, l'a reconnu, s'est approchée, a raconté. Maxime a discuté avec la personne responsable, sa gentillesse insistante a eu raison des résistances administratives et Margot a pu passer les portes battantes et nous rejoindre. Décidément, l'intervention de personnes tierces est déterminante dans ces moments brutaux de l'existence où la sidération ôte les capacités habituelles de réflexion et d'action. Elle me voit décomposée. Elle voit les larmes dans les yeux de son père. L'interne lui répète ce qu'il vient de nous dire. Margot s'effondre dans les bras de son papa. Elle demande : « C'est un cancer ? » d'une voix étranglée. Je la reprends comme l'interne l'a fait : « On ne prononce pas ce terme. On parle de lésion. » À nos questions sur les traitements possibles, le médecin répond que la lésion est trop grande et trop profonde a priori pour une chirurgie. J'apprécie la manière dont ce médecin nous parle. Il ne fuit pas la vérité. Il est clair, descriptif. Il ne baisse pas les yeux. Je m'accroche à son regard, pour ne pas me noyer dans le gouffre qui s'ouvre sous mes pieds. Il poursuit : « Seule la biopsie permettra d'identifier la nature de la lésion et en connaître la virulence. Il reste un petit espoir qu'elle révèle un phénomène bénin. » Une petite branche à laquelle se raccrocher ! Je le répéterai à tous, en espérant y croire. En réalité, les médecins savent déjà. La terrible image ne laisse guère de doute à leurs yeux experts. De notre côté, nous ne la découvrirons que dans quelques jours. Mais déjà, un rocher de trente tonnes nous est tombé sur la tête. Jean Bernard est secoué de sanglots. Dans ses yeux, la peur, le choc. Margot n'a jamais vu son père pleurer comme ça. Elle est en larmes, moi aussi.

Jean Bernard se tourne vers moi, plonge ses yeux dans les miens, et sans autre commentaire, énonce avec détermination : « Je vends Vivre-Mieux et on part au Brésil. » Il annonce ainsi le début d'une nouvelle aventure pour notre couple. Direction guérison. Ce rocher tombé sur nos têtes, ça fait mal. Mais on va le soulever. Quoi qu'il arrive, nous sommes partenaires. « Je vends Vivre-Mieux et on part au Brésil. » Il n'y a pas de problème, il n'y a que des solutions. C'est sa philosophie. Jean Bernard est toujours orienté solutions. On ne fuit pas l'émotion, on la vit, on l'exprime et on avance. Chaque événement est porteur de sens. Un accident de santé est une opportunité de changement. Mais ces premiers mots disent le stress qu'il endure depuis des mois. Si l'interne a mesuré ses termes, nous avons tout de même compris. C'est hyper grave. Jean Bernard veut s'en sortir et il sait que pour cela, il lui faut changer de vie. Le plus vite possible. Le stress n'est peut-être pas la cause de sa maladie, mais c'est un facteur aggravant. Difficile de guérir quand on porte un trop grand poids sur ses épaules. Vendre son entreprise, il en avait souvent parlé. Il disait vouloir travailler moins, mais je ne l'ai jamais vu ralentir. Il adorait son métier. Il aimait par-dessus tout partager de nouveaux produits et de nouvelles idées. Il aimait les gens, il adorait les surprendre, les amuser, les rendre heureux. Vivre-Mieux, c'était le nom de sa société, c'était aussi son objectif de vie. Vivre lui-même toujours mieux et améliorer la vie des autres. Mais son métier était en train de mourir, tué par l'hypermondialisation, par les géants du commerce sur internet, véritables ogres qui avalaient les petits sur leur passage. Depuis quelques mois, il était sous tension. Sa société était devenue un souci constant, une charge trop lourde. Il ne travaillait plus pour le plaisir comme il l'avait fait pendant des années.

Après une forte croissance de Vivre-Mieux et, en corollaire, une augmentation importante du nombre de salariés, Jean Bernard avait réalisé que son entreprise était menacée. La concurrence chinoise devenait trop agressive. Auparavant, quand il dégottait un nouveau produit, il avait deux ans pour le vendre avant d'être copié. Le délai s'était ensuite réduit à un an. Et désormais, en quelques jours, on trouvait les produits vendus en direct par les Chinois sur Alibaba et même sur Amazon, à un prix équivalent, voire inférieur, au prix de gros obtenu par Jean Bernard. Ses salariés avaient beau le presser de trouver de nouveaux produits, il savait que c'était sans issue, son métier était condamné. Un nouveau produit serait immédiatement copié et vendu à bas prix en ligne, et même en grande surface. Comment lutter ? Sans compter sa dépendance aux géants du Net. Il avait été très atteint par le coup porté par Amazon. En sus de son propre site, Vivre-Mieux vendait en Marketplace sur différentes plateformes, dont Amazon, devenue incontournable. Vivre-Mieux y réalisait une bonne part de son chiffre d'affaires. Un jour, Jean Bernard arrive, décomposé. Amazon a suspendu le compte. À l'origine du souci, un commentaire auquel la salariée responsable n'a pas répondu. Et elle est partie en vacances. Un des produits, la trancheuse à saucisson, est suspecté d'être une copie. Immédiatement, il a alors un réflexe humain, un mauvais réflexe, donc. Il tente de contacter la plateforme pour résoudre le problème. Jean Bernard écrit un long mail. Il ne comprend pas la réponse et poste davantage d'arguments. Rien ne bouge. Il écrit de nouveau. Les jours passent. Par chance, il obtient le contact d'un intermédiaire qui vérifie le statut du dossier. Et nous tombons de notre chaise. Le gars lui apprend qu'il était moins une. Un courriel de plus de Jean Bernard et le compte de Vivre-Mieux était définitivement fermé. Pourquoi ? Parce que Jean Bernard écrivait et que l'algorithme qui recevait le courrier le traitait comme une plainte supplémentaire ! Il ne faut pas embêter les algorithmes, il faut leur donner à manger exactement ce qu'ils attendent. L'homme a donné à Jean Bernard les mots-clés à entrer… quelques jours plus tard le compte était enfin rétabli.

Bilan, 75 % de ventes en moins pendant plusieurs semaines, un chiffre d'affaires diminué des trois quarts… difficile de se relever. D'autant qu'a suivi une inspection de tout ce qu'il vendait. Il est vrai que les valeurs de Jean Bernard étaient à géométrie variable. Il se montrait extrêmement élégant avec un créateur, proposant des *deals* gagnant-gagnant, mais s'il ne parvenait pas à un accord avec l'inventeur, il lui arrivait parfois de faire réaliser en usine un produit très inspiré de l'original pour le vendre sous sa marque.

Mon homme a été très affecté par cette aventure. Non seulement cette histoire a creusé un trou important dans le budget de Vivre-Mieux, mais il a mesuré sa dépendance, sa petitesse et son impuissance face aux géants du Net. Amazon, mais aussi Google. En effet, quand on vend sur internet, le référencement est primordial. Jean Bernard consacrait beaucoup de temps à optimiser la présence de sa société sur Google. Mais il n'a pas anticipé le changement de règles au moment de la création de Google Shopping. Il se pensait prêt quand il a vu une chute anormale de fréquentation de son site. Nombre de produits avaient tout simplement disparu. En cause, une petite case nécessaire à la catégorisation des produits n'avait pas été remplie dans le document de référencement. Les produits de Vivre-Mieux étant tous plus originaux les uns que les autres, ils étaient pour la plupart inclassables.

Trois jours de stress pour les faire entrer dans les cases et plus d'un mois pour tout réindexer sur le site. Puis pour Google Image, il avait fallu refaire toutes les photos des produits sur fond blanc, là encore sous peine de disparaître de la Toile… Face aux GAFAM, la partie était perdue d'avance.

Nous évoquions parfois ce que nous ferions si le cancer nous attaquait, l'un ou l'autre. Nous en avions convenu : pas l'horreur de la chimiothérapie… Quoique cela se réfléchirait en fonction des perspectives et du type de cancer, en tout cas pas d'acharnement thérapeutique. Et surtout, écouter ! Entendre le message de la maladie. Psyché et soma sont intimement liés. Parfois, le corps exprime ce que le cœur trouve trop lourd à porter. Des émotions réprimées, des conflits non exprimés, des soucis larvés pouvaient maintenir un état de stress. Et puis, si l'un de nous deux était malade, on irait aux Philippines ou au Brésil pour expérimenter le pouvoir des guérisseurs. Nous n'étions pas habités par la foi, mais par un esprit de recherche et d'aventure. Nous partagions tous deux une même curiosité pour l'étrange et le surnaturel. Nous avions envie de voir et de comprendre. À l'instar de mon grand-père, l'académicien Jean Filliozat, professeur de médecine et indianiste, j'ai développé cette attitude scientifique d'observation sans préjugés. Les ouvrages de mon aïeul parlent de médecine, de civilisation indienne, de religion, de yoga et de magie. Jean Bernard partageait mon intérêt pour tout ce qui aidait à comprendre la vie. Nous lisions beaucoup. L'été dernier, pour un petit cercle d'amis, nous avions projeté *Healing*, un film sur le guérisseur brésilien Jean de Dieu. Depuis, nous avions vraiment envie d'aller y faire un tour. Eh bien, maintenant, nous avions une bonne raison de nous y rendre.

Première hospitalisation

Pour l'heure, Jean Bernard reste hospitalisé. Margot et moi sommes là depuis ce matin, nous sommes épuisées. Notre ami Maxime va accompagner Jean Bernard jusqu'à sa chambre, l'aider à s'installer et voir s'il ne lui manque rien. Évidemment, nous n'avons pas prévu de valise... Margot et moi sortons de l'hôpital, hébétées. Je pleure... Margot conduit. Notre état est fait de sidération, mais aussi de soulagement puisqu'il est enfin pris en charge par des gens compétents. Je n'ai pas le courage d'appeler qui que ce soit. Je poste un SMS à nos proches pour les informer. Je ne sais pas comment j'aurais tenu le coup si Margot n'avait pas été à mes côtés. Rentrées à la maison, nous passons un long moment à sangloter dans les bras l'une de l'autre.

Le lendemain matin, je passe beaucoup de temps au téléphone à prévenir chacun, à répondre aux questions, à pleurer, à préparer avec Margot de quoi manger pour lui et pour nous, et quelques affaires : brosse à dents, savon, serviette, ses chères pantoufles, câble d'alimentation de portable, mais aussi couverture et oreiller, Maxime nous ayant informés des carences de l'hôtellerie. On y va. À midi, nous découvrons la chambre avec un mélange de stupeur et d'effarement. Les fenêtres sont sales et ne peuvent s'ouvrir de crainte qu'un patient ne se défenestre de ce cinquième étage… Ambiance. Dans les toilettes, le carrelage est craquelé, les coins sont noirs. Les locaux sont vraiment vétustes. C'est dur d'imaginer que nous sommes dans un des services de neurologie de pointe au niveau mondial ! L'hôpital manque cruellement d'argent. Ils possèdent des appareils ultrasophistiqués, mais le personnel soignant travaille au quotidien dans des locaux qui sont à la limite de l'insalubrité. Sur le palier, une plaque remercie le roi du Maroc pour le financement de la restauration du service en 1992 ! Depuis… rien. J'ai du mal à y croire. Je prends des photos pour être certaine que je ne rêve pas. Nous nous installons autour du lit pour déjeuner et rangeons les quelques affaires apportées. Margot fait un câlin avec son papa. Ce moment ensemble est chaleureux, mais nous sommes tous les trois anxieux. Notre fils, Adrien, nous appelle par Skype depuis Sydney où il termine ses études de massage thérapeutique. Il a écrit un poème à son père et le lui lit en visio :

Une vague nous emmène à son horizon vague

La vie dans sa généreuse nature nous réveille à nous
Pour que l'on ne l'oublie pas
Et que l'on se rappelle de notre présence
Dans sa panse, danse sans pense
Sentir ses soupirs et voir son espoir
Nous rapproche de notre nature
Notre être, notre partage
Nous sommes ensemble
Dans la rivière qui nous fait voyager dans son courant
Tu m'as appris à nager avec
Aimer la pluie comme le soleil
Les trois mille mondes se révèlent
Et leur potentiel infini nous embaume
D'une vigueur et ténacité
Qui nous amène à notre vraie nature
Le lotus t'offre sa clarté
Le lotus te sourit toujours
Car tu ne l'as pas oublié
Ton affection étant aussi grande que ton sens de l'humour
Tu as le souffle de la montagne en toi
Léger comme le ciel, lourd comme la terre
Tu as découvert et nourri l'amour
Qui te suit dans chaque moment
Je l'ai reçu, je le chéris
Cet amour nous traverse
Jean Bernard

Isabelle
Margot
Adrien
Quatre âmes
Ce moment présent
Nous retrouve dans notre union
Dans laquelle nous nous aimons.

Jean Bernard est extrêmement ému. Les mots ont résonné dans son cœur toute la journée. Il se fatigue vite, ne peut rester concentré longtemps sur une conversation, mais c'est vraiment bon pour lui, pour nous quatre de se parler et de se voir, même seulement par visio. Le père de Jean Bernard m'appelle sur mon mobile. Il est inquiet pour son fils mais n'ose pas l'appeler directement. Il se rend compte que leur relation n'est pas bonne et ne veut pas le perturber. Je suis touchée par sa délicatesse. Je mesure la détresse de cet homme qui ne comprend pas vraiment pourquoi il a tant de mal à communiquer avec son garçon, et qui ne sait que faire pour améliorer les choses. Je lui donne quelques nouvelles et lui passe brièvement son fils.

Juste avant la fermeture du service aux visites, un interne a fini par passer trente secondes pour nous dire qu'on ne savait pas. Une ponction était prévue avec biopsie, mais on ne savait pas quand ni où… Peut-être dans le service voisin. Nous sommes rentrées à Aix, épuisées. Pourtant, nous n'avions pas fait beaucoup de sport ! Nous avions juste été là, avec Jean Bernard, auprès de lui. Nous n'irons probablement pas à l'hôpital demain. Des amis vont prendre le relais. Nous devons ménager nos forces pour tenir longtemps. Car nous anticipons qu'il ne va pas sortir guéri tout de suite.

Le lendemain matin, Jean Bernard m'envoie un SMS :

« Merci de voir quand on peut partir pour rencontrer médecin qui opère avec les mains nues.

— Je m'en occupe, Joao de Deus ?

— Oui. »

Son ami Alain est passé le voir à l'hôpital. Il m'appelle pour me dire qu'il a trouvé Jean Bernard courageux et philosophe, mais surtout il est interpellé par une synchronicité : Jean Bernard lui a confié son désir de rencontrer Jean de Dieu. Or, Alain avait reçu le matin même la documentation d'une de ses amies, tout juste revenue du Brésil. Témoin de la guérison d'un de ses proches et impressionnée par ce qu'elle y a vécu, cette femme organise un voyage auprès de ce fantastique guérisseur spirituel. Je prends les coordonnées de l'amie en question. Je la rencontrerai, mais les dates de son voyage ne correspondront pas à nos besoins.

Ce midi, c'est Charlotte qui lui apporte son déjeuner. Nous préférons éviter qu'il n'ait que la nourriture de l'hôpital à manger. Les cantines ne semblent pas conscientes du rôle de la nutrition dans la santé. Charlotte et Jean Bernard ont une belle connexion. Charlotte est la fille de mon cousin germain, décédé il y a quelques années d'un cancer. Elle avait onze ans. Elle est maintenant adulte, habite Marseille et s'est rapprochée de moi, de nous. Elle est adorable et se met en quatre pour apporter à Jean Bernard ce dont il a besoin. Elle a même fait venir une acupunctrice auprès de notre malade. Il avait insisté pour que Charlotte reste pendant ce soin qu'il a exigé sans aiguilles car il déteste être piqué. À la suite de quoi, il m'envoie ce fameux SMS que je redécouvrirai un an plus tard : « Pense à te faire remonter en énergie aussi. On fait face ensemble. Je t'aime de toute éternité et pour toujours. »

La biopsie aura lieu vendredi, sous anesthésie locale. En attendant, il est sous corticoïdes et cela fait baisser la pression dans sa tête. Il n'a plus mal et récupère un peu de capacités à penser. Il sort samedi ou dimanche. Puis commencera le long chemin des traitements. On en saura plus sur la gravité d'ici une dizaine de jours, mais je suis totalement incapable de me concentrer sur quoi que ce soit d'autre. Je passe ma journée à lire tout ce que je peux trouver sur les tumeurs au cerveau, explorer la Toile et commander compléments alimentaires et traitements adjuvants alternatifs. J'achète aussi bonnets et tee-shirt anti-ondes pour Jean Bernard et moi, une housse pour enfermer la borne wifi, une prise que je peux brancher à la maison, mais aussi dans le TGV, et des oreillettes tubulaires anti-ondes pour toute la famille. Depuis l'hospitalisation de Jean Bernard, les salariés de Vivre-Mieux, comme les miens, ne râlent plus pour préférer le filaire au wifi ! Influencés par l'intense lobbying des fournisseurs d'accès, les pouvoirs publics ont beau minimiser l'innocuité des ondes électromagnétiques type GSM et wifi, elles sont de plus en plus mises en cause dans l'augmentation du nombre de tumeurs cérébrales et classées « possiblement cancérigène » par l'OMS. L'exposition aux ondes n'est évidemment pas la seule cause, mais autant se protéger de ce facteur aggravant.

Mercredi. Comme il n'y a rien à faire avant la biopsie, Jean Bernard bénéficie d'une permission. Il rentre vingt-quatre heures à la maison. Le médecin nous a montré les images du scanner… Ça fait un choc. En fait, c'est tout l'arrière du corps calleux qui est pris, le splénium, d'où ses difficultés à écrire, et ça touche les deux isthmes hippocampiques, d'où les soucis de mémoire. C'est une zone assez asymptomatique, c'est pour ça qu'on n'a rien vu venir. Le pronostic est très sombre.

Chaque fois que mon téléphone sonne, je sursaute. Je le laisse allumé pour être joignable à tout instant par l'hôpital. Nous réfléchissons à une solution pour que nos amis et la famille soient tenus au courant sans que nous ayons à répéter à chacun les nouvelles. Un groupe Facebook nous paraît la meilleure idée. Margot s'en occupe, elle ouvre un groupe « Autour de Jean Bernard » réservé à nos proches. Un peu plus d'une centaine de personnes, famille et amis, s'y inscrivent. Ce sera notre lien. Je demande à tous de ne plus me contacter par téléphone. Ma ligne sera réservée aux médecins.

À la maison, Jean Bernard se ressource. Et nous commençons à envisager ensemble les traitements adjuvants alternatifs. Le premier à ses yeux est l'émotionnel. Pour soigner son cerveau, il veut affronter son père, lui parler, pour se réconcilier avec son histoire, avec son papa. Il l'appelle. Ils parlent. Il pleure… Il a besoin de sentir l'amour couler entre eux et fait ce qu'il faut pour.

Côté guérison spirituelle, il est déterminé à aller voir un guérisseur. Nous hésitons encore entre Philippines et Brésil. Le cri du cœur de Jean Bernard aux urgences était « Jean de Dieu ». Mais l'hypothèse Philippines reste ouverte. Il y a bien longtemps, à Manille pour son travail, le Jean Bernard de vingt-cinq ans en avait profité pour aller voir ces chirurgiens aux mains nues dont tout le monde parlait. Profondément marqué par ce qu'il avait vu et vécu, il répétait à l'envi que, si un jour il avait un souci, il s'y rendrait directement. OK, au lit à ses côtés, j'attrape ordinateur et téléphone et j'explore avec lui les deux voies. Nous découvrons vite que le guérisseur très connu à l'époque, et avec lequel il avait vécu cette expérience étrange et si forte, est décédé. J'appelle un organisateur qui propose des voyages à la rencontre des guérisseurs philippins. Immédiatement, il nous dit « Allez plutôt au Brésil, voir Jean de Dieu, c'est le plus grand à l'heure actuelle. Il a des centaines de guérisons avérées à son actif, dont celle du Dalaï-Lama. » En revanche, aux Philippines, qu'il connaît effectivement bien pour y mener régulièrement des groupes, il semble qu'il n'y ait plus de guérisseur aussi probe et probant qu'à l'époque. Jean Bernard me demande d'appeler une de ses amies brésiliennes, il est certain qu'elle connaît les guérisseurs philippins et pourra nous aider. Nous parvenons à la joindre rapidement. Elle est atterrée d'apprendre la maladie de Jean Bernard qu'elle connaît depuis plus de quarante ans. Mais non, elle ne connaît pas les Philippins… En revanche, une de ses amies vient de rentrer de voyage et lui a parlé ce matin même d'un fantastique guérisseur. Pour elle, c'est LA personne à aller voir. Elle cherche son nom sur un papier, et c'est… Joao de Deus, au Brésil. Nous n'en revenons pas d'être ainsi ramenés à cet homme chaque fois que nous tentons d'aller ailleurs. Il semble qu'il y ait consensus ! J'appelle mon ami Michel Meignant, je sais qu'il s'y est rendu plusieurs fois avec sa femme. Il nous en parle avec passion. Justement, il a son billet pour le mois prochain. Il a réalisé un film sur les guérisons à Abadiânia. Il nous en envoie la version bêta. Michel nous donne les coordonnées de Tereza qui pourrait nous accueillir sur place. Nous prenons contact immédiatement. En visionnant le film de Michel, nous serons époustouflés par son témoignage. Elle a été miraculeusement guérie d'une maladie gravissime et lourdement handicapante… en regardant le film *Healing* depuis son lit d'hôpital ! S'il ne tenait qu'à Jean Bernard, nous foncerions au Brésil immédiatement. Mais Margot et moi sommes inquiètes pour le voyage et préférons attendre le diagnostic et l'avis des médecins de la terre avant de nous adresser à ceux du ciel. Nous le tempérons tant bien que mal.

Margot ramène son père à l'hôpital pour la biopsie. Je sors dans le jardin pour pleurer. La petite chienne de Margot, Mia, qui d'ordinaire court partout, reste étonnamment près de moi, venant me lécher, ce qu'elle ne fait jamais, me surveillant presque. Les deux autres chiens sont restés près de la porte, dehors, allongés, incroyablement sages, alors que d'habitude ils fuguent dès qu'ils en ont l'occasion… Bon, Mizu et Mia, les deux jeunes, se sont tout de même sauvés dès que j'ai séché mes larmes…

Le lendemain, Jean Bernard nous appelle, il a un excellent moral. Seul bémol de la matinée, le brancardier l'a perdu pour ne le retrouver qu'une demi-heure plus tard ! Trente minutes de solitude dans les couloirs… Bien que très éprouvante, la biopsie s'est bien déroulée. Puisque ça se passe dans les profondeurs du cerveau, le chirurgien ne peut se repérer au visuel. L'IRM fournit la « carte » du cerveau du patient. Les coordonnées sont entrées dans l'appareil de stéréotaxie : la tête du patient est immobilisée dans un cadre métallique qui enserre le visage et enfonce quelques pointes sur la boîte crânienne d'une part pour qu'il ne bouge pas d'un millième de millimètre et d'autre part pour définir des repères à partir desquels calculer. Un peu douloureux, malgré l'anesthésie locale, contraignant, mais surtout très impressionnant. Rendez-vous dans une dizaine de jours pour les résultats. En attendant, mon amoureux peut sortir ! Nous fonçons le récupérer, il déjeunera à la maison. Ce sera plus facile de le nourrir correctement qu'à l'hosto !

Retour à la maison, on s'organise

Saumon aux pleurotes à la crème et asperges. Nous avons commencé le régime cétogène. J'ai lu tout ce que j'ai pu trouver sur la nutrition en cas de tumeur au cerveau, qu'elle soit maligne ou bénigne. Les résultats sont consistants : pour presque tous les cancers, une alimentation végétarienne sans sucre présente les meilleurs résultats, sauf pour les localisations cérébrales, le régime cétogène se révélant, là, le seul efficace. C'est logique, le cerveau, c'est une boule de graisse ! La diète cétogène est d'ailleurs officiellement préconisée pour le traitement de l'épilepsie, notamment pour les cas les plus graves. Le mieux serait d'alterner avec des journées de jeûne. Mais bon, le jeûne, ce n'est pas franchement le truc de notre Jean Bernard. En revanche, le céto, il aime ! Cuisse de canard, huile de coco, beurre, crème fraîche... ça lui plaît ! Ce régime consiste à diminuer drastiquement l'apport en glucides pour contraindre l'organisme à puiser son énergie dans les graisses. Pas de sucre du tout, mais avec autant de gras, on n'a pas faim.

À la suite de son hospitalisation, ses salariés sont passés récupérer son ordinateur. L'équipe est atterrée et mobilisée. Ils vont assurer pendant la maladie. Tous aiment Jean Bernard.

Il n'a plus d'ordinateur, mais de toute façon, il ne parvient plus à utiliser un clavier. Écrire à la main n'est pas évident non plus. Je lui propose d'enregistrer vocalement son journal sur son téléphone pour conserver une trace de ce qu'il vit et pour que, peut-être, cela forme la base d'un livre sur sa guérison. Mais même ça, il n'y arrive plus. C'est éprouvant de le voir si handicapé avec l'électronique, lui qui maniait tous ces outils bien mieux que moi. Ce doit être assez terrifiant pour lui, vu de l'intérieur, de se rendre compte qu'il ne parvient plus à se servir d'un ordinateur et presque plus d'un téléphone. Heureusement, il peut encore répondre aux appels et appeler les numéros mémorisés. Nous nous raccrochons à l'idée que c'est transitoire et que tout peut revenir. Mais le handicap est là. Jean Bernard prend le bon côté des choses en soulignant qu'il n'a jamais si bien médité. Assis auprès de la piscine, il s'installe facilement pendant de longs moments dans l'éternité de l'instant.

Nous parlons beaucoup ensemble, de comment guérir, mais aussi de la perspective pour lui de mourir. Il me confie qu'il aime la vie, mais que si elle se terminait là, ce serait OK pour lui. Il partirait sans regret. Nos enfants sont grands, ils sauront se débrouiller. Il serait seulement triste de se séparer de moi, de nous. Nous nous disons et redisons la solidité de notre partenariat dans cette épreuve. Quelle qu'en soit l'issue, nous allons la traverser ensemble.

Sans attendre le diagnostic, je passe des heures sur internet et à parler avec nos amis médecins pour récupérer autant d'informations que possible. Nous nous mettons en ordre de bataille pour la guérison. Notre plan s'articule sur quatre axes :

1. Médecine officielle : Rendez-vous mercredi à la Timone pour les résultats de la biopsie. Nous saurons ce qu'est cette tumeur et aurons les pistes de traitement que nous proposera l'hôpital. Mais il y a aussi des pistes prometteuses dans d'autres hôpitaux, notamment à Lyon, un protocole novateur utilisant l'électricité. Je suis de près la recherche et me mets à l'affût de ce qui se fait ailleurs en France et dans le monde.

2. Médecines alternatives : Nous avons commencé le protocole métabolique du Dr Schwartz + Vit D3 + Curcumine. Ça ne peut qu'aider et il n'y a pas de risque de toxicité. Nous nous renseignons pour la vitamine C à hautes doses. Ce doit être bien encadré. J'ai aussi commandé les produits Beljanski.

3. Émotions et psychothérapie : J'ai toujours eu un peu de mal avec la symbolique des maladies

en fonction de leur localisation, les recherches sont empiriques et peu étayées scientifiquement pour l'instant, mais force est de constater que ça parle à Jean Bernard. La localisation sur le corps calleux fait écho à la relation père-fils. Il a déjà entamé la réconciliation avec son papa. Après, ce sera avec son fils.

Jean Bernard veut aussi explorer la dimension transgénérationnelle : il a le sentiment de s'inscrire dans le prolongement de son grand-père Philippe, lui aussi accro aux éclairs café et chocolat alors que sa femme le privait de sucre pour cause de diabète ! Vous en découvrirez l'histoire dans un autre livre.

4. Voie spirituelle : En attendant de pouvoir partir au Brésil, nous avons confié des photos de nous à Tereza qui les présentera aux entités pendant que nous serons en méditation ici.

Jean Bernard pratique le bouddhisme de Nichiren Daïshonin depuis quarante ans. Depuis qu'il est malade, il peine un peu à réciter son mantra, mais il y puise sa force mentale.

Cette nuit, il n'est pas parvenu à dormir, il était très angoissé avec un fort mal de tête qui a persisté jusqu'en fin de matinée malgré les fortes doses de Doliprane. Quatre petits jours plus tard, nous sommes donc déjà de retour aux urgences. Comme d'habitude, dès qu'il est en présence d'un médecin, Jean Bernard est tout fringant. L'interne conclut à un coup de stress lié à trop d'émotions ajouté à une progression de la tumeur. Il augmente les doses de cortisone mais ne le réhospitalise pas. Nous posons la question du voyage au Brésil. L'interne est perplexe. Soulignant la gravité du processus en cours, il nous confie qu'il ne trouve pas que ce soit une bonne idée, mais il va en parler avec le chef de service. Ils ne peuvent rien dire encore avant le résultat de la biopsie, mais n'ayons pas d'illusion, le pronostic global est sombre. De notre côté, c'est justement parce que nous réalisons que c'est très grave que nous désirons partir. Nous percevons bien que la médecine n'a pas toutes les réponses face à cette maladie. Nous voulons poursuivre les traitements, mais ce voyage est important pour Jean Bernard. Je ne veux pas regretter de ne pas le lui avoir permis.

Mon amoureux est ressorti de l'hôpital plus calme et la douleur a disparu. Mais ce tour aux urgences nous a permis de mesurer sa vulnérabilité. Nous décidons de limiter visites et appels.

J'ai besoin d'être disponible pour lui. J'arrête complètement de travailler. Cette semaine, j'avais trois conférences prévues. Une seule est annulée. Pour les deux autres, les inscrits sont prévenus que, suite au souci de santé de mon mari, elles seront assurées par une de mes élèves. L'organisateur craint des désistements, c'est le contraire qui se produit. Il est même contraint de changer de salle pour accueillir l'affluence ! Ce soutien de mon public me fait chaud au cœur. Les journées passent à toute allure.

Jean Bernard dort beaucoup, mais Margot et moi n'arrêtons pas. Il y a tant de choses à faire ! S'occuper d'une personne malade prend un temps fou et on ne sait jamais trop à quoi on a passé tout ce temps ! C'est un peu comme avec un nourrisson. Il dort beaucoup et pourtant, on est occupé.e non-stop. Je suis épuisée. Ce soir, je me suis couchée et endormie à 20 heures ! Margot est sur le pont tout autant que moi. On est en pleine tempête. Il faut maintenir le bateau, garder le cap, trouver des options, modifier notre route pour éviter un iceberg, tout en écopant de temps à autre… Seule, je ne sais pas comment j'aurais tenu. Nous sommes deux, nous faisons équipe.

L'aventure intérieure

C'est aujourd'hui que nos photos vont être présentées aux entités. Tereza nous a indiqué la marche à suivre : Jean Bernard et moi devons rester au lit pendant vingt-quatre heures. Un peu de soupe, pas d'alcool, pas de sexe… et surtout pas d'écran, ni téléphone, ni ordinateur, iPad ou autre, aucun objet électronique. Elle nous a envoyé la Prière de Guérison de Saint Ignace de Loyola. Ni Jean Bernard ni moi ne sommes familiarisés avec ce type de prière, mais ça ne peut pas faire de mal. Lui est juif bouddhiste et moi de culture familiale athée, habitée d'une spiritualité agnostique inspirée du bouddhisme mais sans appartenance à aucune religion. Je me méfie de toutes les croyances. Nous sommes prêts à jouer le jeu, car hormis l'adresse à un « Père céleste » auquel nous ne croyons pas et que nous remplacerons mentalement par quelque chose comme « énergie de l'univers », les mots de cette prière soutiennent une visualisation créatrice positive : « Toutes les énergies de guérison qui existent en moi sont en train d'agir intensément... Reconstruisant les parties démolies, régénérant tout mon corps... », et ça nous convient.

Il y a plus de trente ans, mes parents ont introduit en France la visualisation positive de la maladie préconisée par le Dr Carl Simonton. Depuis, de nombreuses études en ont montré l'efficacité. Si le côté mystique ne fonctionne pas, ne nous privons pas du bénéfice de l'imagerie mentale. Nous nous installons donc sous la couette. Margot s'occupe de la maison, des chiens, de répondre aux appels téléphoniques et de nous porter à manger. Nous sommes en méditation prière, côte à côte, c'est bon. Nous avons mal compris les consignes, nous l'apprendrons plus tard. Le protocole aurait voulu que nous soyons dans deux chambres distinctes. Mais l'idée de nous séparer ne nous a même pas effleurés ! Nous avons bien sûr aussi zappé totalement toute idée de silence. Et c'est fort heureux. Les angoisses de Jean Bernard auraient tourné en boucle dans sa tête. Nous méditons beaucoup et parlons de nous, de lui, de sa maladie, de la mort, de ses émotions, de son père, de son fils, de sa mère, elle-même si peu aimée par sa mère, de sa société, de son rapport au monde, de l'argent... Il me raconte ses rêves, ses cauchemars... Durant ces vingt-quatre heures, nous passons en revue ses blessures émotionnelles, le tout sur une base d'amour inconditionnel. Chaque fois que nous ouvrons un sujet, je tente de l'aider jusqu'à la résolution. Car oui, ses pensées font des nœuds dans sa tête, et comme il n'a plus la capacité de traiter idées et informations, il les rumine sans parvenir à trouver la sortie. Mon rôle est de patiemment l'y accompagner.

Parfois, il me demande d'écrire quelques mots pour ne pas oublier. Une fois que c'est inscrit sur papier, il peut cesser d'y penser. C'est une technique que j'utilise en parentalité ! Ça sauve bien des situations. Dès que c'est écrit, l'enfant a le sentiment que sa demande est prise en compte, il cesse de harceler son parent. Deux questions reviennent en force. La première concerne cette réunion bouddhiste au cours de laquelle il a eu le sentiment que personne ne s'est intéressé à ce qu'il vivait. L'autre, la trahison du propriétaire des locaux de la boutique Vivre-Mieux. Pour la réunion, il est particulièrement remonté contre deux femmes qui auraient pu, dû, l'aider. Il répète encore et encore que personne n'avait pris soin de lui, n'avait même semblé avoir remarqué qu'il n'était pas comme d'habitude. Je trouve sa réaction disproportionnée, mais il veut se confronter à leur réalité et les confronter à sa réalité. C'est justifié. Je lui montre que je note dans un carnet d'appeler les deux principales protagonistes pour qu'elles viennent le rencontrer. Il peut cesser d'y penser.

Nous somnolons un peu, récitons la prière de guérison. Puis Jean Bernard se tend à nouveau, furieux contre son propriétaire. Le truc tournicote dans son esprit… Il est en rage et dégoûté par son attitude… Avec un cerveau fonctionnel, Jean Bernard aurait résolu son problème avec bien plus de facilité. Là, il faut que je le guide à chaque pas pour qu'il ne revienne pas dans son circuit de pensées en rond. Il réalise assez rapidement que la haine, même « justifiée » ne peut l'aider à guérir. Déjà, cet homme lui a fait du mal, inutile de continuer à lui donner du pouvoir sur sa santé en conservant de la rancœur. Jean Bernard lui en veut terriblement. L'accroche, c'est que, malgré ses promesses, il a exigé le paiement du loyer jusqu'à la fin du bail : deux mois supplémentaires à payer après le déménagement alors que Jean Bernard avait trouvé un repreneur pour les locaux, content de pouvoir emménager pendant l'été. La maladie de Jean Bernard ne lui a pas arraché un geste ni un mot d'empathie. Bien sûr, le propriétaire était dans son droit, mais Jean Bernard l'a vécu comme une humiliation.

La baffe avait été d'autant plus forte qu'il continuait de vouloir croire à une amitié avec cet homme, malgré les entourloupes passées. Car ce n'était pas sa première rupture de promesse. Il avait donné à quelqu'un d'autre un local promis à Jean Bernard pour lui permettre de s'agrandir, puis « pour se faire pardonner » lui avait dit qu'il le favorisait pour un grand projet : deux bâtiments, un pour lui, un pour Jean Bernard, sur un terrain très bien situé. Peu rompu aux jeux de pouvoir, Jean Bernard s'est engagé dans le projet sans méfiance. Jean Bernard réalise qu'il a projeté une figure paternelle sur cet homme riche et d'un certain âge. Il pensait se l'être mis dans la poche. Il croyait vraiment qu'il l'aimait bien. Mais c'est un homme de la grande distribution, un homme d'argent sans états d'âme dans les affaires, qui n'est guidé que par la recherche de son bénéfice personnel. Il fallait se rendre à l'évidence, tous les coups qu'il avait joués ces derniers mois étaient savamment orchestrés. S'il avait impliqué Jean Bernard dans son projet de construction, s'il avait joué l'accord et accepté les conditions écologiques posées par Jean Bernard pour la construction de son bâtiment, c'est que, sans lui, il n'avait aucune chance d'obtenir le permis de construire. En effet, c'est grâce à Jean Bernard, à sa probité et à son engagement écologique connus de tous à la mairie, que le proprio a pu décrocher la précieuse autorisation pour ce terrain si bien situé et hautement convoité. Il n'a pas réussi à avoir tout à fait ce qu'il désirait, puisqu'à l'origine il voulait ouvrir un McDo. Ce à quoi la mairie de Venelles s'était fermement opposée. Jean Bernard lui avait alors soufflé l'idée de monter un hôtel. C'était un grand et beau projet : le bâtiment de Jean Bernard aurait abrité la boutique et les bureaux de Vivre-Mieux, mais aussi une boucherie bio, une boulangerie bio, peut être un sushiya bio... L'autre bâtiment, ni bio, ni écolo, serait donc finalement un hôtel. Jean Bernard a rêvé et beaucoup travaillé sur ce projet. Évidemment, il fallait s'y attendre, dès le permis en poche, le propriétaire a commencé à poser de nouvelles conditions à Jean Bernard, de plus en plus dures à accepter, jusqu'à atteindre le point de rupture. Jean Bernard s'est retiré et le marché est allé à un autre. Nous suspectons qu'ils ont tramé ça ensemble, dès le début... Jean Bernard a été manipulé, utilisé. Il y avait cru, tellement cru.

Se retrouver ainsi roulé dans la farine était humiliant. Il a tout de même pu déménager les bureaux de Vivre-Mieux et l'espace de stockage dans un grand local dégotté non loin, ne laissant que la boutique chez ce propriétaire, jusqu'à ce qu'il la ferme dès le début de la maladie. Ça nous prend un certain temps, mais Jean Bernard parvient à reconnaître et aimer le petit garçon en lui qui avait tant besoin de l'être. Il a exploré toute la gamme de ses émotions, puis est allé jusqu'à remercier, mentalement mais non moins réellement, le propriétaire de lui avoir souligné sa dépendance et donc permis de s'en libérer. Après avoir pu visualiser cet homme heureux au cours d'une méditation, il est enfin dégagé du stress de toute l'histoire... Nous sommes prêts pour une nouvelle idée tout aussi lancinante et stressante... que nous allons déconstruire de la même manière, patiemment. C'est bon d'avoir le temps de soigner ces bulles de blessures émotionnelles qui remontent. Nous nous sentons bien, unis et solidaires. Être ensemble pendant vingt-quatre heures, sans rien d'autre à faire qu'être là, convoquer les forces de guérison et recevoir les énergies soignantes, le bonheur ! Jean Bernard se sent en paix. Il n'a plus mal à la tête.

Au sortir de notre retraite méditative, j'apprends que mon oncle, Georges, le frère de ma mère, est décédé. Il est parti en paix à près de quatre-vingt-neuf ans. Selon l'état de Jean Bernard et l'avis des médecins, nous verrons si nous pouvons nous rendre à Paris pour l'enterrement.

Le dimanche matin voit une résurrection ! Jean Bernard se lève, se rend seul aux toilettes sans se perdre, prend sa douche, s'habille. Il est même descendu à la cuisine, a cuit des œufs sur le plat et me les a apportés au lit… Le tout sans hésiter ! Pour moi, le voir comme ça est tout simplement magique ! Sa mémoire immédiate semble revenue, il ne répète plus les mêmes questions en boucle et surtout se montre capable à 11 heures ce matin de raconter tout ce qu'il a fait depuis son lever. Cerise sur le gâteau, il peut de nouveau dormir sur le ventre sans avoir mal à la tête. Je ne sais pas si c'est Joao de Deus, le repos, le protocole Schwartz, la libération émotionnelle, la visualisation positive, le régime cétogène ou notre amour… mais cela nous renforce sur notre chemin. Demain, nous aurons les résultats de la biopsie.

En pleine nuit, les chiens aboient, aboient, aboient… Je finis par jeter un œil par la fenêtre… Le feu ! Il est une heure du matin. Un incendie fait rage à deux cents mètres de chez nous. Les flammes sont hautes. Si les cyprès s'embrasent, que va devenir la femme qui dort dans sa caravane à vingt mètres de la haie ? À plus de quatre-vingts ans, elle vit là sans électricité ni téléphone. Les pompiers lui remplissent régulièrement une citerne d'eau potable. Elle loge avec ses animaux sur ce terrain dans trois ou quatre caravanes et abris de fortune depuis plus de cinquante ans. Il faut que j'y aille. Jean Bernard est très démuni, désorienté. Enfermé comme il l'est dans la cage que forme sa maladie, je ne sais pas ce qu'il comprend de ce qui se passe. Pas le temps de réveiller Margot. Je ne peux pas laisser mon amoureux seul. Je l'embarque. Il reste assis dans la voiture pendant que je vais tambouriner à la porte de la caravane. Renée finit par émerger de son sommeil. Quand elle voit les flammes si près, elle attrape son sac et monte avec nous en voiture. Maintenant qu'elle est hors de danger, je conduis jusqu'à l'entrée du restaurant-boîte de nuit où le feu a pris. Mafia locale, intimidation, vengeance… les établissements de nuit flambent souvent dans la région. Il y a déjà du monde, les pompiers arrivent.

La situation est sous contrôle, nous ne pouvons rien faire de plus. Nous rentrons. Réveillée, Margot s'occupe de son père pendant que je reste un peu avec Renée. Vers 2 heures du matin le feu semble éteint. Plus de peur que de mal.

Le diagnostic

Au matin, Jean Bernard a un moral d'acier. Il règle ses affaires, clôt les dossiers professionnels encore ouverts. Il met en route une reprise de Vivre-Mieux par ses salariés. Il avait pris depuis une quinzaine de jours des contacts pour vendre son entreprise et nous avons reçu plusieurs acheteurs éventuels. Mais une vente prend du temps et Jean Bernard a compris qu'il n'en tirerait pas autant d'argent qu'il l'aurait espéré. Il aime son équipe, il les pense capables de mener l'entreprise et donc il leur propose de la leur transférer gratuitement. Les salariés vont se réunir pour en discuter. Nous sommes contents tous les deux de cette option. Bien sûr, nous n'en tirerons pas de bénéfice financier, mais une richesse plus grande encore, celle d'avoir donné leur chance aux salariés de devenir leurs propres patrons.

À l'hôpital, nous attendons qu'un des deux ascenseurs qui ne sont pas marqués en panne sur les quatre nous mène au cinquième. Un peu de patience encore dans la salle d'attente, puis nous entrons, fébriles, dans le cabinet du chef de service. Après un court préambule, il nous invite à nous tourner vers le grand écran et nous projette les images de l'IRM en annonçant : « Glioblastome, stade IV ». Il s'agit d'une tumeur très agressive qui s'est développée en un à trois mois. Notre monde s'effondre. La gravité saute aux yeux. Les images géantes du cerveau de Jean Bernard nous terrassent. Nous sommes abasourdis par la taille de la tumeur. Elle est énorme, très profonde. Pour tenter de conserver un semblant de contrôle sur cette situation qui m'échappe, je pose quelques mots : « C'est sur le corps calleux, on dirait que ça s'étend vers le lobe pariétal, on nous avait dit que c'était vers les aires temporales… » Le médecin répète, comme interloqué : « Aire temporale, corps calleux ? Mais vous êtes médecin, madame ? » Dans son ton, j'entends que cela ferait une grande différence. Un médecin fait partie de sa caste. Un non-médecin ne mérite pas des explications qu'il ne pourrait, selon lui, comprendre. Après lui avoir souligné qu'on peut connaître le cerveau sans avoir fait des études de médecine, je poursuis : « Glioblastome… J'imagine que c'est un cancer des cellules gliales, ce sont plutôt les astrocytes qui sont touchés, les oligodendrocytes ? » Le professeur ignore mes questions. Il parle traitements : chimio en comprimés. Pour la radiothérapie, ils se réuniront vendredi matin en staff pour en discuter, car la tumeur est très étendue. Le médecin termine son exposé par : « Vous avez des questions ? » Jean Bernard, hésitant, glisse : « Mais, euh, qu'est-ce qu'on peut faire ? Quel traitement ? » Le professeur reprend patiemment, mais à la troisième fois, il clôt le débat : « J'ai déjà tout expliqué à votre famille, elles vont prendre soin de vous, vous allez être pris en charge. » Jean Bernard ose une dernière question avant de se lever : « Est-ce que j'ai le droit de conduire ? » Le médecin ouvre grand les yeux, avant de répondre d'un non clair et net. La question était surréaliste, mais ce n'est qu'à partir de ce moment-là que Jean Bernard a accepté l'idée qu'il ne pourrait plus tenir un volant pour un bon moment.

On s'attendait à un diagnostic sévère, mais quand même, c'est une sacrée déflagration. Margot et moi nous regardons avec effarement… Et détermination : il faut y aller, on nous attend au rez-de-chaussée. Ascenseurs, couloirs qui se ressemblent tous… Nous parvenons à trouver la bonne porte. L'infirmière coordinatrice nous invite à nous asseoir et nous explique l'organisation des traitements, le fonctionnement des services, nous demande si nous avons des besoins en termes administratifs… J'avoue que ce jour-là, je ne l'écoute que d'une oreille, encore sous le coup de l'annonce et pressée de rencontrer l'oncologue qui suivra mon amoureux pour les traitements. Attentionnée, efficace et sensible,

Solange sera pourtant une précieuse ressource tout au long de la maladie, assurant son rôle crucial de coordination et de communication entre nous et l'équipe médicale.

Une demi-heure plus tard, nous sommes dans le cabinet de l'oncologue. Elle est douce et précise. Elle nous réexplique le glioblastome. D'elle j'obtiens la réponse à la question que j'ai posée au professeur : la lésion touche toute la glie, astrocytes, oligodendrocytes et microglie, ces cellules cérébrales dont on a longtemps cru qu'elles se contentaient de soutenir et nourrir les neurones et dont on sait aujourd'hui qu'elles jouent un rôle bien plus important. Les glioblastomes ne sont pas des tumeurs comme les autres et le processus n'est pas celui d'un cancer ordinaire. Une bonne nouvelle : il n'y a jamais de dissémination. Il ne peut y avoir de métastases. Stade IV, ça fait peur ! Mais inutile de paniquer sur cette idée, nous dit-elle. Un glioblastome est toujours stade IV. C'est sérieux, mais il y a de l'espoir. Elle a des patients qui vivent encore après quatre, voire sept ans de traitement… L'hôpital est vétuste, mais les humains sont formidables. C'est bon d'être ainsi pris en charge immédiatement. Je comprends qu'ils ont choisi la date pour avoir le temps de s'organiser et de coordonner le parcours après le choc du diagnostic. Margot est là. Nous vivons ça ensemble et ça fait toute la différence. Nous pouvons débriefer, partager, pleurer ensemble et nous câliner.

Paris pour un plein d'amour

Le lendemain matin, nous sommes dans le train pour Paris. Jean Bernard et moi portons chacun notre bonnet anti-ondes sur la tête. Margot a ses oreillettes tubulaires. Nous nous rendons à l'enterrement de mon oncle. Ce n'est pas plus mal d'avoir un autre but pour ne pas être obnubilés par ces images de l'IRM dans nos têtes. Et Jean Bernard veut en profiter pour rencontrer son père. Nous nous installons dans l'écolodge de charme très tranquille que j'ai réservé. C'est tout près du cimetière. Nous pourrons nous y rendre à pied.

L'enterrement est un beau moment. Triste, bien sûr, mais je suis contente d'avoir fait le voyage malgré les circonstances. C'est important pour moi d'être présente pour mon oncle, et c'est bon de pouvoir serrer dans mes bras les gens que j'aime. Jean Bernard aussi est heureux d'être là. Il partageait avec George le goût du commerce. Il est content aussi de retrouver sa belle-famille. Et de pouvoir soutenir ma mère. Cette dernière a les pieds gelés, comme dans son enfance quand elle devait rester ce qui lui semblait être des heures, au côté de sa mère qui pleurait sur cette tombe où reposait le corps du frère aîné, décédé à l'âge de dix ans. Georges rejoint Jean, ainsi que leurs deux parents. Toute la douleur de son histoire est là. Les jambes de ma mère flageolent devant le trou… Elle tremble. L'un à sa droite, l'autre sur sa gauche, Jean Bernard et moi l'entourons de nos bras et de notre chaleur. Jean Bernard est très présent. Tous sont impressionnés par son visage lumineux et rayonnant et il ne s'est pas départi de son optimisme légendaire. Il parle de chance sans dissimuler la perspective de la mort. Quand Charlotte lui exprime sa joie de le voir parmi nous, il répond : « Pas pour longtemps » en souriant. À ma mère qui lui demande comment il va, il répond : « Tu sais, je n'ai pas peur de la mort, tu connais ma curiosité… Et puis, je n'ai pas dit mon dernier mot. » Chacun est heureux de pouvoir l'embrasser, lui parler, ému de le voir sachant ce qu'il traverse. Mais il fatigue, nous nous éclipsons.

En descendant les allées du cimetière, j'ai une pensée pour les anciennes tombes de ma famille. C'est un lieu que j'aimais bien dans ma jeunesse. Mais je ne me souviens plus de leur emplacement et ce détour serait trop long pour Jean Bernard. Rentrés au lodge, nous préparons l'espace pour recevoir son père et sa sœur pendant qu'il se repose. Jean Bernard a des attentes magiques sur l'issue de cette rencontre. Il insiste pour que je teste sa vision et sa mémoire avant et après, pour mieux en mesurer l'effet. Ce sont de petits tests qu'opère régulièrement son médecin pour mesurer la progression de la tumeur. La lésion s'étend peu à peu vers l'arrière jusqu'aux aires visuelles. Ça fait un moment déjà que Jean Bernard ne voit plus ce qui se passe sur sa droite. Le test visuel est simple : je présente un nombre de doigts devant lui, puis de plus en plus sur le côté. Pour la mémoire, je lui demande de citer une liste d'animaux, test auquel il avait échoué face à son oncologue mercredi dernier. Ce soir, il peine à en trouver plus de trois.

Gérard et Carole arrivent, un peu intimidés par la situation mais désireux de se prêter au jeu. Je vois l'amour de Gérard pour son fils. Il ne comprend pas tout, et le dit, mais il veut faire tout ce qu'il peut pour aider son garçon à guérir. Nous commençons. Jean Bernard s'exprime. Il parle à son père de son enfance, de son ressenti, de l'impression de jugement permanent sur lui… Il confie combien il ne s'est pas senti aimé, même s'il a conscience que son père a fait ce qu'il a pu. Gérard tente de répondre, de se justifier. Constatant que son père ne comprend pas, ne mesure pas, Jean Bernard explose. Je ne l'ai jamais vu comme ça. Il s'avance, le visage rouge de fureur, et il crie. Gérard est d'abord quelque peu interdit, les mains posées sur les genoux. Puis il ouvre les mains, tournant ses paumes vers le ciel, comme dans un signe d'impuissance et d'acceptation. Il dit : « Pardonne-moi, mon fils. » Jean Bernard se jette à genoux, le visage sur ceux de son père qui pose délicatement la main sur sa tête. Après un petit moment, ils se relèvent et se prennent dans les bras. Gérard prononce alors ces mots si simples et pourtant si difficiles, que Jean Bernard attendait tant : « Je t'aime. » Jean Bernard pleure, moi aussi, tout le monde est en larmes dans la pièce. Je suis éperdue de gratitude envers mon beau-père qui a su avoir le geste juste au bon moment. Je savais le besoin immense de Jean Bernard, je ne savais pas si son père allait pouvoir y répondre. Je suis bouleversée. Nous le sommes tous.

Puis Carole s'exprime. Elle n'imaginait pas la détresse de son cadet. Elle découvre son frère, elle prend conscience de l'abysse de souffrance et de la distance qu'ils avaient tous dans la famille, sans y prêter attention.

Jean Bernard fatigue, nous terminons cette séance dans l'amour partagé, émus par ce qui vient de se dérouler sous nos yeux. C'était si puissant que Jean Bernard se pense guéri. À peine la porte refermée, il me demande de le tester. Il insiste tant que je me plie à l'exercice. Évidemment, aucun changement dans sa vision. Oui, une guérison émotionnelle peut parfois entraîner une guérison physique, mais rarement instantanément ! D'autant que nous ne le savons pas encore – ou bien je le savais sans vraiment vouloir le conscientiser –, ce n'est pas comme dans un cancer où une tumeur se contente de grossir par multiplication. Le glioblastome procède par soustraction. Il avance en détruisant tout sur son passage. Les zones touchées sont nécrosées. Ce qui signifie qu'il n'y a pas de retour possible. Nous ne le réaliserons, avec effarement, que plus tard.

En découvrant que sa vision n'est pas revenue, Jean Bernard est déçu. Il me demande de refaire le test plusieurs fois ce soir-là puis le lendemain matin. Il me demande aussi les autres tests, de mémoire. Et là, oui, à ma stupéfaction, depuis cette rencontre de cœur à cœur, cette résolution du lien père-fils, cette ouverture à l'amour mutuel, Jean Bernard est à nouveau capable de citer une dizaine d'animaux. Le cerveau est fantastiquement résilient, mais je n'ai guère d'illusion.

Le vendredi matin, nous retrouvons Gérard au petit square Lamartine. Jean Bernard voulait passer du temps avec son papa. Il avait désiré retourner dans divers lieux de son enfance. Notamment près de cette fontaine artésienne d'eau très pure, où sa famille venait remplir des bouteilles. Du bon temps juste à être ensemble, à évoquer des souvenirs communs. Puis nous rejoignons le cabinet de Marik pour faire le point des traitements adjuvants. Nous nous connaissons depuis que j'ai dix-sept ans. Cette femme, médecin homéopathe et acupunctrice, est un puits de connaissances. Nous envisageons les différentes pistes, en analysons la cohérence. Elle nous fait une ordonnance pour pallier les effets secondaires de la chimio et des rayons. Après quoi, nous retrouvons Carole à Odéon. Nous marchons un peu dans les rues puis nous nous asseyons dans un salon de thé. Ce moment entre eux deux est fort. Comme s'ils se découvraient. Jean Bernard tisse avec sa famille une intimité qu'ils n'ont jamais connue. Ils ont vécu côte à côte, sans dispute, mais sans pénétrer plus avant dans le cœur les uns des autres.

Au sortir de cette rencontre, nous nous rendons rue d'Assas pour faire un petit coucou à mon père. Rémy n'était pas à l'enterrement. Ma mère et lui sont séparés depuis une vingtaine d'années et cette famille, et surtout Georges, l'a violemment rejeté à l'époque de leur mariage. Un intellectuel sans le sou n'était pas le parti que les hommes de cette famille de commerçants bourgeois voulaient pour Anne-Marie. Nous ne restons pas longtemps, mais Jean Bernard est heureux de voir ce beau-père qu'il aime beaucoup, de deviser et rire avec lui. Rémy était son meilleur public, celui qui répondait toujours aux images, vidéos ou histoires marrantes qu'il envoyait.

Pour boucler la journée nous dînons au restaurant avec Nicolle, notre amie à tous les deux. Celle-là même à qui j'avais téléphoné il y a vingt-six ans lors de la déclaration d'amour surréaliste de Jean Bernard, alors mon ami depuis dix-sept ans. Nous nous régalons tous trois autant du plateau de fruits de mer, avec ces gambas que mon amoureux adore, que de la conversation. Nous évoquons le passé, mais aussi la maladie, la mort, le sens de l'existence.

« Tu sais, Nicolle, je n'ai pas peur de mourir.

— Oui, Jean Bernard, je te crois. »

Très présent, Jean Bernard parle du bonheur d'être en vie et de l'importance de penser à se le dire, à nous en réjouir ensemble.

Nous rejoignons en taxi le petit hôtel où j'ai réservé une chambre tout près du cabinet du grand ponte oncologue avec qui nous avons rendez-vous le lendemain matin. Oui, le programme est dense. Mais le temps presse, nous en avons conscience. Nous voulons un autre avis éclairé que celui de l'hôpital de Marseille. L'homme nous plaît. Il prend le temps de nous expliquer en détail le processus du glioblastome et le fonctionnement de chaque traitement. Il nous propose un protocole de chimio et rayons différent de celui de la Timone, tant sur les produits que sur les rythmes. Il faudrait venir une semaine sur deux à Paris et donc louer un appartement ou vivre à l'hôtel, les traitements se faisant en ambulatoire à la clinique. Nous réservons notre décision. Il est difficile de trancher entre les bénéfices de l'un ou l'autre protocole, mais Jean Bernard ne veut pas quitter Aix-en-Provence. Notre maison est un lieu de protection et de guérison. Imaginer rester à Paris sans ce ressourcement dans la nature et dans cet endroit qu'il a créé ne lui convient pas du tout. Et puis, il se sent en sécurité à la Timone. Après quelques jours de réflexion, nous déclinerons la proposition parisienne.

Margot reste à Paris avec son mari. Nous rentrons. À la gare de Lyon, surprise : nous croisons Charlotte sur un escalator ! Elle ne prend pas le même train que nous et nous n'avons que quelques minutes pour nous embrasser. Jean Bernard lui glisse : « Je suis prêt à mourir, mais j'ai envie de rester pour pouvoir faire l'amour avec ma femme. » Je souris. Moi aussi, j'ai envie de faire l'amour avec lui longtemps encore.

Dimanche matin, un voisin frappe à notre porte… Vous êtes au courant qu'il y a un cheval mort dans le champ ? Stupéfaction ! Il s'explique : dans le champ qui nous sépare, il est tombé sur le cadavre d'un cheval en décomposition. L'odeur est paraît-il insoutenable. Il est furieux et dégoûté. Nous préférons nous abstenir d'aller voir. Heureusement, nos chiens sont encore au chenil. Après l'air, l'eau, le feu, voici l'animal mort. Une petite enquête me permettra d'en identifier la propriétaire. C'est une voisine et amie. Elle avait mené brouter son vieux destrier quand il s'est écroulé, mort dans ce grand champ en friche. On était samedi, l'équarrisseur ne pouvait passer avant le lundi, elle a recouvert son compagnon équin d'une bâche sans voir l'utilité de prévenir qui que ce soit puisque le corps n'était pas visible de la route. Jamais elle n'aurait imaginé que quelqu'un s'alarmerait ni même ne découvrirait le cadavre. Le mystère est désormais éclairci. La vie à la campagne, c'est aussi ça. Nous aimons beaucoup cette voisine, elle vient souvent se baigner dans notre piscine et est une fidèle de nos soirées ciné-débat. Ironie du sort, son père est aussi décédé d'un glioblastome. C'est dire si elle se sent proche de nous.

Nous explorons les pistes

Ce lundi matin 4 juin, nous avons rendez-vous à l'hôpital d'Aix avec le radiothérapeute. Bonne surprise, il est sympa, très clair, nous nous sentons en confiance. Mauvaise surprise, l'hôpital n'a pas envoyé le CD du scanner nécessaire pour le calage de la machine. On ne peut donc rien faire aujourd'hui. J'envoie un ami chercher en urgence le précieux CD pour un calage après-demain. Jean Bernard commencera les rayons dans une quinzaine de jours. Il n'est plus si pressé de partir au Brésil, il veut d'abord les traitements. Son moral est bon, même si ses limitations sont sévères. Perdu dans l'espace autant que dans le temps, dès qu'il n'est plus dans son lit, il demande : « Où est-ce que je peux aller m'allonger un peu pour me reposer ? » et il ne parvient plus ni à lire ni à écrire… L'après-midi, je lui lis les messages de ses amis. Il est très ému de l'élan de solidarité et de tous ces messages d'amour postés sur le Facebook. Il ne se savait pas tant aimé.

Ce matin, nous consultons un médecin connu pour posséder des appareils de biorésonance dernier cri. Il fait le tour avec nous des options ouvertes à Jean Bernard en sus de son traitement allopathique. Il connaît bien la problématique du glioblastome et les protocoles. Nous analysons ensemble les avantages et inconvénients de chaque produit ou technique. Avec lui, je peux discuter avec une grande liberté de tout ce que j'ai glané comme informations. Il connaît tout et plus encore. Il ne nous cache pas que la partie est loin d'être gagnée. Il connecte Jean Bernard à un appareil de biorésonance qui va analyser toutes sortes de paramètres. Le logiciel sort toute une série d'informations, dont une présence du virus de l'herpès. Sur le moment, ça ne nous dit rien, mais cela sera confirmé bientôt par des analyses de labo.

Nous ressortons excités par une nouvelle perspective : le Stendo®, un nouvel appareil de massage révolutionnaire qui stimule la circulation sanguine. Et qui doit le commercialiser ? Un de nos voisins. Nous lui téléphonons. Il tombe des nues. Il n'était pas au courant de ce qui arrivait à Jean Bernard. Pris par leurs activités respectives, ils n'avaient pas échangé depuis des mois. Il ne possède pas encore l'appareil, mais oui, il en fera bénéficier son ami dès réception. Finalement, Jean Bernard ne l'expérimentera pas pour cause de contre-indication avec la chimio (risques de thrombose). Mais l'homme se révélera un allié pour la reprise de Vivre-Mieux.

Cet après-midi nous avons rendez-vous avec un autre grand professeur. J'ai hâte de le rencontrer. Au téléphone, cet homme pourtant très occupé a déjà pris le temps de me fournir beaucoup d'informations. À la retraite, il se consacre à la recherche. Il a créé une association et reçoit dans ce cadre quelques patients au compte-gouttes. La consultation est gratuite. C'est à une heure de chez nous. Jean Bernard dort dans la voiture une bonne partie du voyage. La pluie s'invite, de plus en plus drue. On n'y voit goutte et la maison est au milieu de la campagne dans un coin isolé… Jean Bernard ne peut m'aider et il a mal à la tête. Nous arrivons avec près d'une heure de retard sous des trombes d'eau et le médecin est assez énervé.

Il installe rapidement un Jean Bernard épuisé sur ses appareils de diagnostic quantique et se tourne vers moi. Oui, j'ai apporté la radio panoramique dentaire récente demandée. Il l'analyse en nous expliquant son travail de recherche. Il sort les clichés d'un autre de ses patients atteint de glioblastome : exactement la même problématique dentaire que Jean Bernard. Il est vrai que c'est saisissant. Bien sûr, ce n'est qu'un cas, la recherche doit avancer. Mais c'est troublant. Jean Bernard savait qu'il avait un problème important de dents, de mâchoires, de posture. Il s'était rendu jusqu'en Suisse pour rencontrer un orthodontiste-posturologue, mais il avait reculé devant la complexité et le coût du traitement. Il aurait fallu se rendre à Genève régulièrement.

Un assistant invite Jean Bernard à poser ses doigts sur une plaque pour la photo Kirlian. Ça fait plaisir à Jean Bernard qui sort un peu de sa léthargie. Ça lui rappelle ses débuts, sa première société : Moskid. Lui et son associé, ingénieur physicien et infatigable chercheur, étaient passionnés d'électrophotographie. Ils fabriquaient des appareils et disposaient de plusieurs modèles expérimentaux très avancés avec lesquels ils menaient des recherches.

Il est tard. Nous quittons les lieux. Jean Bernard est épuisé. Il dort tout le chemin du retour. De mon côté, je suis très stimulée par tout ce que je viens d'entendre. Je prends immédiatement contact avec un orthodontiste qu'on m'a recommandé à Marseille. Mais c'est l'été, pas de place avant fin septembre, début octobre… Je réserve tout de même. Quelques jours avant le rendez-vous j'appellerai pour leur annoncer le décès du patient.

Le 6 juin, nous nous rendons à l'hôpital d'Aix pour le calage de la radiothérapie. On me fait comprendre que je suis invitée à laisser venir mon mari seul pour les rayons quotidiens, il viendrait en taxi-ambulance, ils vont s'occuper de lui… Quand ils lui indiquent les toilettes de loin, je comprends qu'ils ne mesurent pas son état. Je le laisse devant la porte des toilettes, en lui expliquant bien comment en sortir et revenir dans la salle d'attente (on la voit depuis la porte). Mais, comme d'habitude, en quelques minutes, Jean Bernard se perd. J'ai tourné la tête un instant pour répondre à une personne et il est parti dans l'autre sens. Je ne le laisserai pas. Je m'organiserai pour venir chaque jour.

Jean Bernard a mal à la tête et il est très fatigué. Je réalise que j'ai vraiment exagéré de le traîner ainsi, de médecin en médecin ces derniers jours… En même temps, comment ne pas tenter toutes les pistes ? La médecine allopathique officielle ne nous promet pas monts et merveilles. L'oncologue a été claire : sans traitement, sa survie est estimée à quatre mois. Avec traitements, la survie médiane est à quatorze mois. La survie à deux ans est de 16 % et de seulement 5 % à trois ans. Un sur cinq mille survit dix ans. Il suffit d'être ce un. Mais nous préférons ajouter les pistes alternatives. En revanche, je présente tout ce que nous faisons à cette merveilleuse docteure, pour éviter toute contre-indication.

Quand Jean Bernard ne dort pas, il médite dans le jardin. Ma présence et celle des enfants le sécurisent, nous le savons et veillons à être toujours à portée de voix. Nous l'entourons de notre amour. Il s'en nourrit et nous en donne en retour. Il n'arrête pas de remercier, d'exprimer amour et gratitude. Tout mon temps ou presque lui est consacré. Quand je ne suis pas occupée par une tâche logistique ou la cuisine, je fouille internet pour trouver des ressources, je lis les études scientifiques et les témoignages de gens guéris, je téléphone pour prendre des rendez-vous, je passe des commandes… J'ai besoin d'être active, de comprendre toujours plus en profondeur et de remuer la terre entière pour le sauver ou l'accompagner au mieux. Je ne veux pas regretter un jour de ne pas avoir tout fait.

Nous sommes en pleine nuit. J'entends gémir… J'ouvre un œil et je découvre mon homme debout près du lit, perdu, démuni, en tee-shirt et jambes nues, une flaque d'urine à ses pieds sur le parquet. Je bondis hors du lit. Je commence par le nettoyer, le réconforter et le recoucher. Puis je nettoie le sol. Je me recouche et à ma grande surprise, je me rendors illico. Ça m'a stupéfié tout au long de la maladie, moi qui d'ordinaire ne parviens pas à me rendormir si je suis réveillée en pleine nuit. Là, aucun souci. Je me réveille, je lui parle et me lève pour l'accompagner aux toilettes plusieurs fois par nuit et je me rendors. Comme lors des premières années de vie de mes enfants ! Est-ce que nos cerveaux se modifient et nos rythmes biologiques s'adaptent lorsque nous soignons un proche comme lorsque nous allaitons un bébé ? Cet accident nocturne m'inquiète, mais le médecin me rassurera, c'est fréquent avec les corticoïdes.

Ce matin, le mal de tête revient en force. J'appelle l'infirmière coordinatrice de l'hôpital et sur ses conseils, nous augmentons la dose de cortisone. Diminuer l'œdème réduit la compression dans son cerveau. Il dort 90 % de la journée. Le soir, ça va un peu mieux, nous faisons deux petites balades de cinq minutes dehors. J'ai secoué un peu l'hôpital pour obtenir de commencer plus tôt le traitement. C'est trop long d'attendre quinze jours sans rien faire en le voyant se dégrader sous nos yeux. Rendez-vous lundi... Peut-être commenceront-ils une chimio si vraiment la radio n'est pas dispo.

On me donne le contact d'une guérisseuse. Il paraît qu'elle a des guérisons spectaculaires à son actif. Pourquoi pas ? Je ne veux écarter aucune piste, je l'appelle. Elle ne peut nous recevoir maintenant, elle me parle un peu au téléphone, gratuitement. Elle me dit que ça va être dur, mais qu'il va s'en sortir. Elle me parle du gros besoin de reconnaissance de l'hypersensible qu'est Jean Bernard. Bon, tout le monde peut un peu se reconnaître dans ce portrait. Mais surtout, elle m'incite à ne pas oublier de prendre soin de moi, car le chemin risque d'être long et éprouvant. Elle n'a pas tort ! Oui, je vais faire davantage attention à moi. Elle m'invite à prendre contact avec la Dr Anne Marie Giraud avec qui elle travaille régulièrement et qui suit avec succès des patients atteints de cancer en associant des thérapeutiques complémentaires aux traitements conventionnels. Hélas, sur son site, je vois que cette dernière ne prend plus de patients. La guérisseuse m'encourage à insister. Je laisse un email sans grand espoir, nous sommes loin sur la liste d'attente !

Ce matin, Jean Bernard cuit lui-même ses œufs sur le plat. Il est toujours très désorienté, mais il a récupéré davantage d'ardeur. Il est même redescendu seul au rez-de-chaussée faire sa pratique bouddhiste. J'attendais de voir son état ce matin pour récupérer les chiens pour le week-end. On va y aller dans la journée. Le facteur apporte le courrier. Jean Bernard discute avec lui des bénéfices inattendus de sa situation : « C'est fantastique, je suis libre, sans carte bleue, sans chéquier, sans argent… » Ces mots parlent de la tension de ces derniers mois, du stress financier, du poids de sa société.

Après le déjeuner, le mal de tête monte vite et de plus en plus fort, malgré cortisone et Tramadol... Jean Bernard pleure, gémit… sa tête va éclater. C'est si violent que j'appelle le 15. Les ambulanciers qui le prennent en charge nous confirment que l'hôpital d'Aix, c'est la cata. Mais c'est l'hôpital de notre secteur, ils n'ont pas le droit de l'emmener ailleurs. Après une heure d'attente aux urgences, mon amour n'a plus mal et veut rentrer à la maison. De son côté, l'équipe aixoise n'est pas motivée pour un scanner. Un coup de fil à Solange débloque la situation. Au téléphone, l'oncologue de Jean Bernard a pu convaincre le médecin. Jean Bernard passe son scanner. J'attends qu'on me remette le CD… L'expérience ! Verdict : ni hémorragie ni évolution de la tumeur. Ils m'expliquent comment mieux manier le dosage des antalgiques. Nous nous accrochons à cette idée que la tumeur n'évolue pas. Nous ne savons pas encore que ce n'est qu'aveuglement de la part des médecins de l'hôpital d'Aix. En réalité, elle prend de l'ampleur. Elle avance vite, très vite, bien trop vite.

Les deux femmes de la fameuse réunion bouddhiste ont répondu présentes dès réception de la demande de Jean Bernard. Nous nous installons tous les quatre dans le jardin. Je ne quitte plus Jean Bernard d'une semelle. Face à l'extérieur, il est capable de rassembler ses forces pour s'exprimer et les gens ne mesurent pas toujours ses limitations. Il raconte combien il s'est senti en détresse ce soir-là, incapable de prendre la parole. Les deux femmes se montrent à l'écoute et très touchées. De leur côté, elles relatent que, plusieurs fois, elles lui avaient demandé s'il allait bien. Mais Jean Bernard avait, chaque fois, refusé de répondre, jusqu'à leur dire stop. Jean Bernard reconnaît qu'il arborait un masque sans pouvoir faire autrement. Il décrit le hurlement intérieur qu'il poussait silencieusement et que donc personne n'entendait. Si cette réunion bouddhiste a pris tant de place dans sa tête ces jours-ci, c'est qu'elle symbolise bien ce que Jean Bernard a vécu depuis son enfance. Ça hurlait à l'intérieur de lui, mais ni son père, ni sa mère, ni qui que ce soit d'autre, n'entendaient ou ne s'en souciaient, et il a appris à ne plus rien montrer, à afficher un sourire attirant la sympathie.

Tout de suite après cette rencontre, l'état de Jean Bernard se dégrade terriblement : il manque d'équilibre, il est extrêmement fatigué et désorienté… Il a de nouveau mal à la tête, comme si elle allait exploser. La douleur est montée à 10 sur l'échelle de 1 à 10. Je compte : Doliprane à 11 h 20 – 50 mg de Tramadol à 12 h 20 – Doliprane + Tramadol + cortisone… À 13 h 10 on est déjà à 100 grammes de cortisone et la douleur persiste… On part à l'hôpital ! Je n'ai décidément plus confiance en l'hôpital d'Aix. Après le repas, je l'emmène en voiture aux urgences de la Timone. Nous y passons l'après-midi. J'insiste sans succès pour que son oncologue soit prévenue. Nous sommes le week-end, Solange, notre coordinatrice habituelle, n'est pas là. Je monte jusqu'au cinquième, l'infirmière du service me promet d'informer le médecin de garde. Alors que je patiente en salle d'attente, la Dr Anne Marie Giraud m'appelle ! Elle peut nous recevoir ce lundi. Elle a trois cents personnes en liste d'attente, mais elle est tombée sur mon email, juste au moment où elle recevait une annulation qui coïncidait avec le jour et l'heure que je demandais. J'accepte avec stupéfaction et gratitude.

J'appelle Margot. Apprenant que nous sommes de nouveau aux urgences, elle décide de sauter dans un train le soir même pour rentrer à Aix.

Trois heures plus tard, un interne de neurochirurgie voit enfin Jean Bernard. Je lui confie le CD du scan réalisé à Aix et il part le comparer sur son ordinateur avec l'image initiale. Bon… les ordinateurs ne fonctionnaient pas correctement… cela a pris du temps. Il nous confirme le diagnostic d'Aix : aucune augmentation de la lésion, ni même de l'œdème ! Hélas, si j'hésite un peu à lui faire complètement confiance, puisqu'il ne nous montre rien, nous n'avons pas les moyens de douter de son analyse. Si c'est vrai, c'est une excellente nouvelle et ça valait les six heures passées aux urgences. Mais alors d'où viennent les douleurs ? Et pourquoi cette aggravation des symptômes ? Dans quelques jours, nous apprendrons que l'interne était soit aveugle, soit incompétent, soit il n'a jamais réussi à accéder au dossier, car la lésion a flambé. Pour l'instant, si nous la vivons au quotidien, nous ne savons pas l'étendue de l'aggravation.

Programme de ce dimanche : repos total. Le soleil aixois ne fait pas défaut. De bons moments dans le jardin. Un doux massage à l'huile par Margot arrivée hier soir et beaucoup de sommeil... La nuit se déroule à peu près bien, mais le matin, son état se dégrade de manière phénoménale. Il ne tient pas debout. Il est totalement perdu, insécure, tremblant. Je dois l'asseoir sur un tabouret pour le savonner sous la douche. Pour le petit-déjeuner, nous lui portons au lit quelques framboises dans de la crème fraîche de brebis et un bol de bouillon de poulet. Ça peut paraître bizarre comme petit-déjeuner, mais nous lui donnons ce qu'il aime le plus, tout en restant dans le cadre d'un régime cétogène. Il apprécie chaque plat et nous remercie sans cesse. Après avoir tout avalé, il se rendort. Au réveil, il est un tout petit peu mieux et, une fois guidé jusqu'aux toilettes, peut faire pipi sans que je le tienne. Mais il a faim et ne se souvient absolument pas avoir déjà mangé ! Il avale avec gourmandise un œuf brouillé aux champignons. Hier, j'ai appris que l'huile de cannabis aurait montré une bonne efficacité contre le glioblastome. Quatre personnes m'en ont parlé le même jour ! C'est autorisé en France parce qu'il y a très peu de THC. Je vais en discuter avec l'oncologue. D'ailleurs, il est l'heure de partir pour le rendez-vous. J'habille mon homme. Malgré son bon sommeil et son bon appétit, Jean Bernard est terriblement fatigué et insécure. La localisation de la lésion ne lui permet plus la bonne intégration des données sensorielles et des commandes motrices. Des gestes qui nous sont automatiques pour assurer notre équilibre et nous déplacer dans l'environnement lui font défaut. Et il ne peut se rassurer en s'accrochant à la vue. Nous ne savons pas vraiment ce qu'il voit et ne voit pas, mais il est probable que tout un côté de ce qui l'entoure ne soit plus dans son champ de vision. Non seulement il tangue, mais panique vite et se raidit, ce qui n'aide pas le transfert depuis le lit à l'étage jusqu'à la voiture.

Margot et moi y allons lentement. Nous nous garons dans le parking souterrain de l'hôpital que nous commençons à bien connaître et parcourons les couloirs à la recherche de toilettes. Jean Bernard a envie de faire pipi. Décidément, les toilettes sont une thématique très présente ! C'est un effet des corticoïdes : boire et éliminer… Trouvé ! J'y guide mon amoureux. Quatre portes. Je lui en ouvre une. Il peut se débrouiller seul une fois devant la cuvette. Comme un autre homme entre et me regarde bizarrement, je sors et rejoins Margot dans le couloir. Quelques instants plus tard, je trouve mon Jean Bernard paniqué, incapable de trouver la sortie.

Tous trois assis sur les chaises en plastique inconfortables de la salle d'attente, nous appelons Adrien. Margot lui a ouvert les yeux sur la gravité de l'état de son papa. Il mesurait mal ce que nous vivions et aurait aimé rester avec ses copains au moins une quinzaine de jours et visiter un peu le pays. Il sent désormais que sa place est auprès de son père. Il rentrera d'Australie au plus vite dès son dernier examen passé.

Jean Bernard ne tient pas assis. Nous l'aidons comme nous pouvons à s'étendre sur les sièges, conçus pour ne pas pouvoir s'allonger… Sa tête est posée sur les genoux de Margot qui tient sa main pour qu'il ne tombe pas. Des infirmières passent et repassent, sans que la position de Jean Bernard ne les alarme. Heureusement, l'oncologue arrive et donne des ordres : « Il faut mettre ce monsieur sur un lit. » Alors l'équipe soignante s'active, elles ouvrent la première porte en face de la salle d'attente, chambre Sainte-Victoire, et installent M. Fried dans cette pièce qui était disponible depuis le début… Au récit de notre périple du samedi, l'oncologue manifeste surprise et incompréhension : elle était d'astreinte ! Personne ne l'a prévenue. Ce n'était pas faute d'avoir tenté de la faire alerter !

Elle se dit « choquée » qu'ils aient laissé repartir Jean Bernard au vu du scan, car n'importe qui peut constater l'augmentation de la masse tumorale. Nous sommes atterrés. Cela dit, nous avons grâce à ça passé un bon dimanche en famille, et c'était si doux… Nous avons tous trois vécu de superbes moments. Mais voilà, la masse a augmenté vers l'arrière dans le lobe pariétal et s'est avancée aussi en direction du lobe frontal. Même pour quelqu'un qui n'y connaît rien, l'aggravation est plus qu'évidente. J'ai du mal à comprendre comment l'équipe de l'hôpital d'Aix et l'interne des urgences de la Timone ont pu oser nous dire que ça n'avait pas bougé. Sur l'écran de son ordinateur, la docteure nous montre comme le processus tumoral s'est insinué dans le liquide céphalorachidien, ce qui est très préoccupant. L'intensité des symptômes de perte de mémoire et de désorientation est surtout due à l'œdème. Là-dessus, on peut agir : hospitalisation pour le mettre sous perfusion à hautes doses de corticoïdes. Ensuite, IRM et révision du traitement. Impossible et contre-productif de lui infliger des rayons maintenant, on annule la radiothérapie.

Pendant que Jean Bernard est branché à sa perf, Margot et moi nous éclipsons pour notre rendez-vous avec la Dr Anne Marie Giraud. De crainte de perdre du temps à chercher à nous garer, nous prenons un taxi. Dans la salle d'attente, nous découvrons qu'elle me cite dans la bibliographie d'un de ses livres ! Mais elle n'avait pas fait le lien, Jean Bernard et moi ne portons pas le même nom et j'avais fait ma demande sous le nom de Fried. Elle nous reçoit avec une grande empathie et nous assure de son soutien. Elle a déjà obtenu de bons résultats dans des cas similaires. « On peut y arriver », dit-elle ! Nous sommes (un peu) reboostées, sans réaliser totalement. En fait, nous sommes comme dans un espace différent, un peu comme dans une machine à laver, parfois en haut, parfois en bas, brassées par les événements qui s'enchaînent, allant d'une info à une autre… comme anesthésiées et saoules de tout ce qui se passe. Elle nous a donné un protocole d'huiles essentielles que nous nous sommes procurées en sortant de chez elle. Nous voulons y croire. Taxi et retour à l'hôpital. Nous arrivons juste pour accompagner le transfert de Jean Bernard jusqu'à sa nouvelle chambre. Cette fois, nous avons pensé à la valise. Margot va la chercher dans la voiture. Après l'avoir installé le plus confortablement possible, nous rentrons à Aix.

Je prépare mon sac. J'ai réservé un studio avec kitchenette dans un hôtel en face de l'hôpital pour éviter les trajets fatigants entre Aix et Marseille. Je pourrai lui apporter dès le matin ses huiles essentielles et son petit-déjeuner, et lui cuisiner des petits plats. Un de nos voisin et ami, Xavier, lisant sur la page Facebook la fréquence de nos trajets, a proposé ses services avec une grande générosité. Pour soulager Margot, je fais appel à lui pour me conduire à l'hôpital. Nous trouvons un Jean Bernard encore épuisé, toujours désorienté, mais n'ayant plus mal à la tête grâce aux corticoïdes. Il reconnaît Xavier, ils blaguent un peu, à peine. Soudain, Jean Bernard pleure. Pas longtemps, mais son désespoir est palpable. Quand il est temps pour Xavier de repartir, Jean Bernard le raccompagne d'une voix teintée d'une pointe d'humour : « Désolé de ne pouvoir me lever. »

Le médecin choisit de passer durant les dix petites minutes où je m'absente pour aller prendre les clés du studio et poser mes bagages. Mais elle m'appelle. L'IRM confirme une aggravation très nette de la masse tumorale, à la fois vers l'avant dans l'hémisphère le plus touché, mais aussi vers l'autre. C'est foudroyant. Nous n'avons pas encore commencé les traitements qu'il faut déjà passer à la vitesse supérieure. Je prends mes quartiers dans le studio-hôtel. C'est spartiate, mais à deux minutes de l'hôpital. Il y a du bio au supermarché, j'achète pour moi et pour préparer de bons petits plats à Jean Bernard. Je regarde longuement les pains. J'hésite. C'est déchirant. Jean Bernard adore ça, mais ça nourrit le cancer... De toute façon, sinon, il mange le pain de son plateau-repas. Autant que le pain soit bio et au levain. J'en prends.

Le lendemain matin, je suis contente de ne pas avoir à faire de voiture pour retrouver mon amoureux pour le petit-déjeuner. J'ai pris des cafés à emporter dans un troquet. Après avoir examiné Jean Bernard, l'oncologue me prend à part dans le couloir. Elle me récapitule les éléments, et m'annonce que le staff a accepté de proposer l'Avastin, l'anti-angiogénique qui pourrait asphyxier les cellules cancéreuses. Normalement, ça ne se donne qu'après récidive à la suite d'une chirurgie. Mais la situation justifie que nous sortions des protocoles. Le médicament n'ayant pas reçu l'AMM pour une administration hors chirurgie, je dois signer l'autorisation, c'est la procédure. Je l'emporte pour en parler avec les enfants, mon beau-père et Carole qui est médecin, et bien sûr avec l'intéressé. Les injections d'Avastin se feront à l'hôpital, toutes les trois semaines. En revanche, la chimio se prend par comprimés. Je pourrai les lui donner à la maison, un par jour, une semaine par mois. J'envoie un SMS à Adrien : « C'est bien que tu rentres au plus vite. On fait tous les traitements possibles et imaginables... mais pas sûr qu'on y arrive. »

Jean Bernard répond bien aux corticoïdes. Le mercredi voit une récupération spectaculaire. Il a davantage d'énergie, parle un peu plus, et il peut marcher dans les couloirs de l'hôpital en tenant son pied à perfusion d'une main et moi de l'autre. Nous avons même pu descendre respirer un peu dehors sur le parking de l'hôpital. Pas très glamour comme environnement, mais au moins il respire l'air extérieur. Quoiqu'il faille éviter les nuages de fumée. Le tableau est surprenant, atterrant. Des hommes et des femmes sont là, malades, en pyjama, certains avec leur pied à perf ou en fauteuil roulant... et pourtant ils et elles fument compulsivement. Pas de zone non-fumeurs ! Difficile de trouver à s'asseoir sans être sous le vent.

En fin de journée, un ami vient me chercher. Quand il entre, mon amoureux ne le reconnaît pas. Nous nous regardons, inquiets. Maxime s'approche et pose une main sur l'avant-bras de Jean Bernard qui s'exclame alors : « C'est Maxime ! ». Ouf. Maxime en a pleuré. Moi aussi. C'était la première fois qu'il n'identifiait pas immédiatement un visage, mais aussi la dernière. Nous avons eu cette immense chance, il nous reconnaîtra jusqu'au bout. Le soir, quand l'hôpital n'accepte plus notre présence, Maxime m'emmène dans un resto de poissons en bord de mer. J'ai envie d'une bouillabaisse. Nous mangeons et buvons un peu de bon vin, la vie a l'air normale. Parler avec lui me fait du bien. Et humer la mer, ça ressource.

Ce jeudi matin, j'apporte à Jean Bernard son petit-déjeuner. Quand je suis seule, je grimpe les cinq étages par les escaliers. Les ascenseurs sont lents, capricieux, bondés et les pannes sont fréquentes. Au moins, ça me fait un peu d'exercice. Je croise une jeune femme en blouse blanche qui dévale en sens inverse… Il me semble reconnaître une amie de collège de Margot, mais le temps que je réalise, elle a déjà disparu. Quelques jours plus tard, elle confirmera à Margot qu'elle aussi avait cru me reconnaître, mais ça s'était passé si vite. Les deux amies s'étaient perdues de vue depuis plus de dix ans. Tatiana est maintenant interne en neurologie à la Timone ! Quel fabuleux « hasard » que nous ayons toutes deux préféré ces escaliers si peu empruntés. Elle nous sera une ressource inespérée.

En arrivant dans le service, je me fais huer par les infirmières : ce n'est pas l'heure des visites. Être là dès le matin me permet de lui mettre ses huiles essentielles dans un peu de yaourt de coco et donc de lui administrer la dose journalière en trois fois. Matin, midi et soir. Mais inutile de me mettre l'équipe soignante à dos. Demain, tant pis, je lui donnerai la dose en deux fois. Le laisser manger la nourriture proposée par l'hôpital ne me rassure pas, je suis effarée par ce que je trouve sur son plateau. Comme il est sous corticoïdes, le sel doit être réduit et, bien sûr, sur le plateau-repas du midi trône un petit fromage « Au sel de Guérande » et tout à l'avenant. Je laisse tomber le combat pour le petit-déj, il sort vendredi, mais je lui apporterai chaque jour déjeuner et dîner. Nous avions tout de même obtenu des repas végétariens sans sucre que nous avons pu partager avec son voisin de lit. Sévèrement diabétique, le pauvre ne pouvait quasiment rien manger de ce qui était posé sur son plateau, les cuisines n'ayant manifestement pas enregistré que charcuterie, gâteaux et crèmes lui auraient fait allègrement dépasser la ration glucidique journalière recommandée. Il paraît qu'ils ont une diététicienne aux cuisines qui veille à la composition du plateau de chacun. Je me demande où elle a été formée. Je lui fais un courrier qui restera sans réponse. J'aide Jean Bernard à se lever. Nous marchons un peu ensemble dans le couloir. Il se souvient un tout petit peu mieux et ne tremble plus.

Le lien père fils

Adrien a terminé ses examens. II va rentrer. Mais son père dit qu'il a besoin de reprendre des forces avant son arrivée. Il pense que la rencontre va être forte en émotions et qu'il n'a pas tout réglé. De son côté, le fils ne comprend pas bien, car il n'éprouve plus aucune rancœur envers son papa. Je pense que Jean Bernard projette ses propres difficultés avec son père. Il ne réalise pas qu'il a déjà fait le chemin. C'était il y a quatre ans, lors de notre voyage en Afrique du Sud. Une école de psychomotricité voulait une formation aux émotions, Jean Bernard avait un cousin au Cap et cette année-là, le congrès mondial de psychothérapie avait lieu à Durban ; pourquoi ne pas y faire une présentation ? Margot vivait aux États-Unis, ça faisait trop loin pour elle, mais Adrien, revenu du Canada, était partant. Nous avons voyagé à trois, une belle occasion d'intimité avec notre garçon. Le cousin de Jean Bernard nous a briefés sur les bons endroits autour du Cap, notamment la plage de Langebaan. C'est là, au restaurant, qu'Adrien avait entrepris de parler à son père de ce qu'il avait sur le cœur depuis sa petite enfance. Adrien était déterminé à se faire entendre. Il insistait, ne lâchait rien. Jean Bernard avait tendance à se défendre plutôt qu'à écouter, il se débattait avec la souffrance d'avoir à reconnaître qu'il avait pu manquer à son fils. Autant avec Margot, la relation avait toujours été facile et harmonieuse, autant avec Adrien, c'était plus compliqué. Il avait une belle relation avec son fils, affectueuse, joueuse, tendre, mais avec des heurts et des incompréhensions. Adrien était un garçon comme lui, un second, venant après une fille aînée…

Le père s'identifiait à son fils, et les projections de ce qui n'était pas encore réglé dans son histoire venaient éclabousser quelquefois leurs échanges. Il s'énervait parfois fortement ou esquivait sa présence. Il avait comme peur de son fils, ou de ce que ce dernier réveillait en lui. Ma médiation était utile. Une personne tierce rompt le face-à-face qui a tendance à exacerber la violence et facilite la communication. Jean Bernard a accepté d'écouter, s'est mis vraiment à accueillir la parole de son fils, à mesurer ce qu'il avait vécu. Adrien a pu s'exprimer, jusqu'au bout, et être entendu enfin par son papa. Cette longue conversation de cœur à cœur s'est terminée dans les bras l'un de l'autre, avec des larmes d'amour et de bonheur de s'être réconciliés dans le tréfonds d'eux-mêmes. Par la suite, le voyage a été encore plus gai. Libéré d'un poids, Adrien exultait de vie. Il grimpait sur tout ce qui se présentait. Je détournais le regard quand il marchait sur les mains au bord de falaises… mais j'avais confiance dans ses capacités physiques. Pendant que j'animais mon stage, père et fils sont partis deux jours en montagne, entre hommes. Ils m'ont raconté que les paysages étaient magnifiques, mais je sais que ce qui était plus magnifique encore était cette merveilleuse complicité rendue possible par ce partage d'émotions. Jean Bernard était parti un peu craintif, il n'avait évidemment pas l'aisance et la résistance physique de son fils passionné de mouvement. Gravissant les pentes, il a pu mesurer combien ce dernier prenait soin de lui, combien il l'aimait. Ils ont beaucoup ri et partagé. Je revois le soleil se coucher sur la plage de Langebaan, où nous marchions en regardant les acrobaties de notre garçon. Et je ramène mon regard sur mon amoureux dans son lit d'hôpital, qui a encore peur de rencontrer son fiston. J'ai hâte qu'Adrien arrive et que ce malaise, qui n'est que projection, se dissipe.

Jeudi, c'est avec Charlotte que je dîne. Elle connaît un petit resto non loin de l'hôpital. Quand nous arrivons, nous découvrons qu'une dégustation de champagnes est au menu. Banco ! J'adore ça.

Surprise et émotion, on nous sert Origin'el de Françoise Bedel, le champagne de la fête de mon mariage avec Jean Bernard. Mes yeux s'emplissent de larmes devant cette synchronie. Cette soirée me fait un bien fou. Nous rions. Je me détends.

Vendredi est arrivé. On le traite enfin ! Un brancardier emmène Jean Bernard au rez-de-chaussée pour sa toute première injection d'Avastin. La perfusion va durer une heure. Pendant ce temps, je dois me rendre à la pharmacie de l'hôpital voisin pour retirer ses comprimés de chimio. Ça ne se vend pas en pharmacie de ville. L'officine est située en demi-sous-sol, avec des barreaux aux fenêtres. J'apprends qu'il n'est pas rare qu'ils se fassent braquer. Je découvre un monde avec cette maladie ! Après que j'ai montré patte blanche et fourni tous les documents, on me confie la quantité exacte dont Jean Bernard a besoin pour sa première chimio. C'est très contrôlé. On m'explique comment administrer les comprimés et les précautions qu'il va falloir prendre, gants inclus. Interdit de toucher ce médoc qui semble explosif ! Je ressors un peu intimidée avec mon précieux sachet.

Jean Bernard se sent bien avec la perf qui passe dans ses veines. Oups… j'ai oublié ses affaires dans sa chambre. Je fonce les chercher. Pour rentrer, nous obtenons les papiers pour la prise en charge d'un taxi médical, que nous attendons près de deux heures. Nous découvrirons que c'est la moyenne habituelle… La maladie, c'est aussi des heures et des heures d'attente… Nous arrivons à 19 heures, contents de retrouver enfin notre jardin. On y respire mieux qu'à l'hôpital.

Retour à la maison

L'infirmière de l'hôpital nous a remis une ordonnance pour une injection quotidienne d'anticoagulants, de manière à prévenir toute formation de caillot sanguin. Il nous faut une infirmière. Je prends contact avec Florence, qui avait fait mes pansements il y a deux ans lorsque je m'étais ouvert la main. Elle travaille en duo avec une collègue. C'est d'accord, elles viendront chaque jour lui faire sa piqûre.

Le lendemain matin, première chimio ! J'ai en tête les consignes strictes de la pharmacie. Je respecte l'horaire qui m'a été indiqué. Le protocole est précis, la distance avec l'Avastin est calculée. C'est assez intimidant. Avec d'infinies précautions et mes gants en latex, j'extirpe le comprimé de Temodal de son emballage et le place sous la langue de Jean Bernard. Comme indiqué, je jette immédiatement gants et déchets emballés à la poubelle. Nous surveillons. Pas d'effet secondaire à part une faiblesse musculaire et quelques défauts d'équilibre. Mieux vaut tout de même drainer le foie. En avant pour Desmodium, chardon-Marie et radis noir et quelques granules d'homéopathie. Merci Marik.

Olivier, Marik et François, nos amis médecins, seront très présents tout au long de la maladie, chacun apportant son regard et ses compétences. On pourrait croire à une dispersion des soins, mais pour moi, c'est comme s'ils tissaient un filet de sécurité. Il y en a toujours un de disponible pour moi au téléphone. D'ailleurs, ils communiquent entre eux. Le médecin principal restant bien sûr l'oncologue de la Timone.

C'est l'heure de la piqûre. Florence découvre son patient avec surprise. Jean Bernard et moi sommes mariés, mais j'ai conservé mon nom de naissance, elle n'avait donc pas fait le lien avec l'homme qu'elle avait croisé une première fois au magasin Vivre-Mieux, puis une autre fois alors qu'elle travaillait sur son ordinateur, assise à la terrasse d'un café. Ils avaient discuté et s'étaient trouvés de nombreux intérêts communs, car outre son métier d'infirmière, elle tient un blog de cuisine végane. Elle et Hélène, sa binôme, connaissaient toutes deux mes livres et m'avaient écoutée pendant ma chronique quotidienne sur France Bleu Provence pendant deux ans. Elles me diront par la suite que l'idée de me rencontrer les impressionnait un peu, mais cela disparaîtra vite… À ce moment-là, je ne sais pas encore la place qu'elles prendront dans nos vies. De leur côté, quand elles apprennent le diagnostic, elles l'anticipent. Une fois ou l'autre, elles tenteront de me prévenir, de me préparer à ce qui allait probablement advenir, mais je ne suis pas encore prête à entendre.

Cette nuit-là, Jean Bernard rêve que son cerveau se répare. Au matin, il me raconte : « C'était comme un puzzle, les morceaux se remettaient en place. » Quel beau rêve porteur d'espérance !

Balades, méditations côte à côte, nous nous reposons beaucoup durant ce week-end. Nous profitons du jardin, de la douce chaleur du soleil et des odeurs de la nature ensemble. Jean Bernard relève combien il est heureux de pouvoir sentir le parfum des roses avec autant d'acuité. Avant, il n'était pas très attentif à ces sensations qui font pourtant le bonheur de vivre. Même fatigué et un peu sonné, il se sent globalement bien. Ce dimanche matin, stupéfiante remontée en énergie ! La chimio semble marcher ! Et toujours pas d'effet secondaire. Il dit ressentir les progrès d'heure en heure ! Nous les constatons aussi. Il a pu faire deux vraies balades dans la journée, et surtout, il se souvient d'un tas de trucs, il peut (un peu) réfléchir. On peut de nouveau discuter de choses et d'autres (pas longtemps et pas trop, mais tout de même !). Ce soir, il trouve seul la salle de bains pour se laver les dents. Ça paraît si anodin, mais pour Margot et moi, c'est spectaculaire. Nous devions l'accompagner pour le moindre déplacement, même à quelques mètres de son lit.

Adrien arrive demain, nous sommes contentes qu'il puisse voir son père dans un meilleur état. Nous vivons au jour le jour. Le temps n'est plus le même. Nous n'osons plus nous projeter dans un futur trop incertain. Je ne sais pas ce que nous ferons dans un an, où nous serons. Le présent prend toute la place. Aujourd'hui, nous sommes le 17 juin et c'est tout ce qui compte.

Enfin réunis

Je vais chercher mon fils à l'aéroport. Je découvre un Adrien blême qui me demande de porter son énorme sac à dos. Il me raconte : son premier vol entre Sydney et Doha s'est bien déroulé, mais il a passé les cinq dernières heures de l'étape de Doha à Madrid allongé sur le rang en position latérale de sécurité, terriblement malade après avoir mangé un riz qui lui avait pourtant paru douteux. Il avait choisi le menu oriental végétarien… souvent le meilleur dans les avions, mais là… Intoxication alimentaire et bouleversement émotionnel, ses intestins n'ont pas tenu. Une ambulance est venue le chercher à la descente d'avion à Madrid. Ils lui ont fait une injection et l'ont laissé repartir pour attraper son vol vers Marseille en lui conseillant de bien se réhydrater.

C'est bon de serrer mon fils contre moi. Nous sommes contents d'être réunis tous les quatre. Mais, préoccupés par l'état d'Adrien, nous hésitons à le laisser s'approcher de son père. Décidément, il y a des freins aux retrouvailles…

Ça y est, Adrien est sur pied. Depuis plusieurs années, il se forme au mouvement. Il entraîne son père avec douceur. Les craintes de ce dernier se sont vite envolées. Avec son fils, Jean Bernard se dépasse. Bon, il s'arrête vite devant l'effort, mais Adrien trouve des exercices à sa mesure. En dehors du tennis, Jean Bernard n'était pas très physique. C'est notre fils qui nous a remués. Avec lui nous sommes même allés suivre un stage de deux jours avec Ido Portal ! Un grand moment pour tous les trois. Depuis, Jean Bernard et moi bougeons (un peu) plus et nous étions mis au yoga. Une enseignante venait à domicile nous donner notre cours hebdomadaire. Comme ça, pas d'excuse pour ne pas y aller !

Jean Bernard adore descendre en position de squat à deux en se tenant les mains, chacun se laissant aller en arrière. La posture semble demandeuse, mais utilisant le poids du corps, elle est bien plus confortable qu'il n'y paraît. Et cela permet de relâcher nombre de tensions. Avant la maladie, Jean Bernard aimait tellement cette posture qu'il y invitait volontiers les gens qu'il rencontrait. D'abord surpris, ils se prenaient au jeu. Puis se relevaient, impressionnés que Jean Bernard les ait si facilement amenés à s'accroupir dans la rue ou dans les bureaux… Et puis, c'était une bonne façon d'occuper les heures d'attente, que ce soit dans les aéroports ou à l'hôpital.

Fort de son diplôme australien tout neuf de massage thérapeutique, Adrien allonge son père dans l'herbe à l'ombre du tilleul et lui fait un super massage. Jean Bernard s'abandonne avec délices aux mains expertes de son fils en murmurant « c'est bon ». Puis, à la grande surprise d'Adrien, il entre dans un état psychédélique naturel. Il regarde les feuilles du tilleul danser au-dessus de lui. Il dit voir l'énergie des feuilles, l'énergie du ciel et de la terre se mélanger dans son corps. Il sait que c'est Adrien qui le masse, mais il dit que c'est comme si la terre entière massait son corps. Il en pleure de bonheur et d'amour, même après qu'Adrien a levé ses mains. Puis, sous les yeux de son fils ébahi mais accueillant, Jean Bernard lève lentement les poings au-dessus de sa tête avec force, comme transporté… Il explique « avoir le choix de rentrer dans la transe ». C'est l'avantage d'une lésion à gauche. Il a un accès direct aux sensations océaniques du cerveau droit telles que les a décrites Jill Bolte Taylor, la neuroanatomiste victime d'un AVC à l'hémisphère gauche.

Des hauts et des bas

L'hôpital surveille attentivement les effets des traitements. Une prise de sang hebdomadaire permet de vérifier comment il supporte la chimio. Pas besoin de se déplacer, une infirmière du labo passe faire la prise de sang et récupérer une fiole d'urine. Aujourd'hui tout va bien, le bilan sanguin ne montre qu'un petit souci hépatique... L'hôpital réagit immédiatement aux résultats en changeant l'antiépileptique. Ils nous envoient une nouvelle ordonnance. Jusqu'au cinquième et dernier jour de cette première salve de chimio, nous sommes soulagés de ne voir apparaître aucun effet secondaire. Rien à voir avec les chimios terrifiantes par lesquelles certains de nos amis atteints de cancer étaient passés. En revanche, les progrès sont spectaculaires. Jean Bernard est plus présent, il est capable de faire une heure de mouvement chaque jour avec Adrien. Il revient à lui, lentement mais sûrement. Encore un peu de désorientation, mais nettement moins. Il trouve seul à se remplir un verre d'eau, il pose sa tasse de café sale dans le lave-vaisselle. Deux jours plus tard, il met le couvert et se fait son café seul sur notre machine à expresso. Mais il ne se souvient pas avoir mangé une datte cinq minutes auparavant. La datte est une petite entorse quotidienne à son régime cétogène. Nous lui mettons les gouttes d'huiles essentielles avec du yaourt de coco dans une datte ouverte en deux. Au petit-déjeuner, ça aide à passer le goût bizarre et un peu fort d'huile de Ledon du Groenland !

Lorsque amis ou voisins lui demandent comment il va, il répond : « Des hauts et des bas, c'est le chemin, la vie est belle. » Il ajoute : « Je me sens protégé. J'ai de la chance. » Et encore : « Le plus important dans la vie, c'est l'amour. »

On nous a indiqué le centre Ressources, un centre de mieux-être et d'accompagnement thérapeutique des personnes touchées par le cancer. Jean Bernard n'est pas convaincu, il a Adrien pour les massages et le mouvement, Margot et moi pour le soutien psychologique, il n'éprouve pas le besoin d'un accompagnement supplémentaire, mais je me dis qu'il faut tenir sur la durée. À la fin de l'été, les enfants repartiront vers leurs vies respectives. Et puis, on a toujours besoin d'un psy extérieur à la famille. J'ai entendu beaucoup de choses positives sur ce centre innovant. Nous verrons bien. Nous avons rendez-vous pour découvrir le programme qui pourrait être proposé à Jean Bernard. Le dépliant était attractif, mais les locaux sont bien tristes. L'animatrice nous entraîne dans la visite, mais plus nous découvrons, moins Jean Bernard y adhère. Il n'a aucune envie de faire de la peinture ou des activités manuelles avec d'autres cancéreux, ou plutôt cancéreuses, car nous ne rencontrons que des femmes. Jean Bernard est d'accord pour le psy, la relaxation et peut-être la piscine, mais elle est très chlorée… Je me dis que ça me soulagerait un peu qu'il soit pris en charge quelques heures dans cet espace, mais en même temps, il faudrait que je l'amène et que je vienne le rechercher ou que je reste avec lui. S'il va mieux, cela peut le faire, mais désorienté comme il l'est souvent, je ne peux pas l'imaginer se rendre d'une activité à l'autre. Ce lieu est fait pour des personnes relativement autonomes, pas pour des gens aussi perdus que mon amoureux qui ne peut aller faire pipi et retrouver seul son chemin. Bon, de toute façon, ça ferme pendant l'été. On verra en septembre.

L'amélioration se poursuit. Jean Bernard médite, mais se motive également pour courir ou marcher énergiquement au moins deux fois par jour. Si notre présence le sécurise, il tient aussi à retrouver de l'autonomie et veut arpenter seul le kilomètre que fait notre chemin. Il s'organise pour ne pas se perdre : quand il arrive au bout, retour en arrière. Parfois, il passe devant la maison sans la reconnaître. S'il tarde trop, nous allons le chercher.

En sus de son activité de gérance, de renifleur de produit et d'acheteur, Jean Bernard avait développé une petite pratique de neurofeedback dynamique dans le cabinet paramédical adjacent à la boutique. Thérapeute dans l'âme, il avait été fasciné quand il avait découvert cette technique développée par deux médecins canadiens dans le film de Michel Meignant, *Le bonheur dans les neurones*. Il avait suivi la formation et recevait quelques personnes par semaine, des adultes, des enfants. Il aimait le contact avec les gens et surtout leur apporter du mieux-être. Il avait vu des résultats spectaculaires sur certains. Le Neuroptimal ne pourrait pas le guérir, mais ça ne pouvait pas faire de mal, et si cela pouvait donner quelques informations au cerveau pour restaurer son câblage… ça valait le coup. Consultée lors de notre dernier rendez-vous, l'oncologue a donné son accord. Nous sortons l'appareil de Neuroptimal et disposons les électrodes sur sa tête.

Le lendemain, miracle, il a pu lire – un peu – une bande dessinée, téléphoner seul, courir doucement, et surtout anticiper, s'imaginer dans le futur, alors que cette aptitude était complètement bloquée. Maintenant, il se projette... et du coup, il s'inquiète... Reprenant en quelque sorte conscience, il réalise ce qui lui arrive. Mesurant ses limitations, il pleure. C'est dur de le voir sangloter, mais en même temps, nous sommes heureux qu'il puisse exprimer ses émotions. Nous accueillons ses crises de larmes, mais aussi de rage. Oui, il enrage, ce qui est bon signe : il veut guérir. Nous parlons ensemble de la mort, de la maladie, de changement de vie, de nouveau métier. Vivre implique un changement de vie profond. L'évoquer ensemble renforce notre sentiment de partenariat dans cette nouvelle épreuve. Nous avons été partenaires lorsque j'ai failli mourir à la naissance de notre fille, partenaires dans la création d'une école alternative, la construction d'une maison, la conception d'un hôtel… et partenaires au quotidien. Partenaires. Ce mot que nous prononçons souvent dit notre complicité, notre soutien mutuel, notre fraternité. Ça nous soutient. C'est dur, mais « on s'a ».

Nous recevons les résultats de la sérologie. Jean Bernard se révèle positif à l'herpès... très légèrement, mais suffisamment pour que des vérifications soient faites avant la deuxième injection d'Avastin qui sera donc repoussée d'une semaine. Nous avons vu tant d'amélioration suite à la première injection, qu'en retarder la date nous inquiète tous. Nous tentons de nous convaincre que ce report lui permettra de mieux guérir, mais nous n'y croyons qu'à moitié. C'est décourageant ce sentiment de ne pas avoir de prise. De plus, après la superbe embellie, ça régresse. Mal de tête et désorientation sont revenus. Et dans la série des problèmes : c'est maintenant le frigo qui coule ! Je n'arrive pas à identifier ni comprendre d'où peut bien venir la fuite.

Adrien nous initie aux mouvements passifs qu'il pratique depuis son arrivée avec son père. Il nous enseigne, à Margot et à moi, cette mobilisation du corps toute en détente, ça nous fait un bien fou ! Nous aussi en avons bien besoin.

Notre ami Michel est en France et vient nous rendre visite. Il réside maintenant en Australie. Nous l'avons tous deux connu enfant ! Michel, c'est un peu l'assurance des anges que Jean Bernard et moi nous rencontrions sur cette terre : moi, d'une famille intello de gauche et lui, héritier rive droite. Michel faisait partie de la bande des potes de Boutigny où les parents de Jean Bernard avaient leur maison de campagne. Et il était dans ma classe à l'École alsacienne. Quand nous avions pris conscience que nous le connaissions tous les deux, nous avions souri. Nous aimions ces synchronicités qui nous reliaient. C'est un beau moment de partage, mais Jean Bernard fatigue. Je reste un peu à discuter avec Michel. Puis, c'est l'heure de la piqûre. Cette injection quotidienne de Lovenox commence à peser à Jean Bernard. Elle est très douloureuse, et malgré les précautions de nos merveilleuses infirmières, des œdèmes commencent à apparaître sur les sites d'injection. Il blague mais il a mal, il l'exprime, il endure, il veut y croire. Pendant qu'Hélène s'occupe de mon homme, je fais un tour en cuisine. Cuisiner pour Jean Bernard est toujours un challenge, un équilibre à trouver pour ne pas nourrir la tumeur (sans sucre ni céréales), ne pas alourdir le foie (peu de graisses et très peu de protéines animales), diminuer l'inflammation (sans lectines), et… peu de sel à cause de la cortisone. Nous nous en sortons à peu près, mais qu'est-ce que c'est compliqué ! Comme les traitements fatiguent déjà le foie, nous avons suspendu le cétogène au profit d'une nourriture majoritairement végétarienne : une seule protéine animale (30 grammes) par jour, un jus frais, et des baies... bref, légumes et antioxydants. On a commencé les jus verts... mais le chou kale est-il si bon pour la santé ?

Des études indiquent que la mélatonine pourrait se montrer efficace dans la réduction des tumeurs cérébrales… Nous possédons une ordonnance, elle nous avait été envoyée par mail pour la radiothérapie par un médecin expert qui n'avait pu nous recevoir, mais m'avait parlé longuement au téléphone. Je crois que Jean Bernard a vraiment eu autour de lui à peu près tous les médecins s'occupant de cancer. La générosité et l'empathie de ces hommes et de ces femmes m'ont beaucoup soutenue. Comme les rayons ont été annulés, nous n'avions pas utilisé la prescription. Mais pourquoi ne pas l'ajouter à ses traitements ? Nous envisageons des traitements complémentaires en famille dans une grande collégialité. A posteriori, je réalise combien il était extraordinaire de pouvoir ainsi discuter à trois de tout. Avec ce stress, nous aurions pu tomber dans la tentation de projeter les uns sur les autres nos inquiétudes, nous aurions pu nous critiquer, nous houspiller… Mais non. Ce que chacun apportait était considéré. Un désaccord nous poussait à approfondir nos informations, à chercher davantage. Pas de jeu de pouvoir entre nous. Nous étions focalisés sur un objectif : accompagner Jean Bernard. Chacun apportait le fruit de ses recherches, nous confrontions nos connaissances, nous apprenions les uns des autres, nous écoutions aussi nos sentiments et, au besoin, nous pleurions, tremblions dans les bras les uns des autres. Nous étions une team.

30 Juin. Extraordinaire journée ! Jean Bernard a décidé de se prendre en charge. Il est déterminé. Il a récupéré son ordinateur et le réinstalle sur son bureau. Il lit ses mails et peut, grâce au correcteur d'orthographe, répondre à quelques-uns. Il veut reconquérir son autonomie. C'est dur, mais il combat contre ses limites. Il a marché ce matin tout seul. Il nous a préparé nos œufs brouillés (un peu aidé pour trouver l'huile de coco, etc.). Il veut gérer lui-même ses médocs. C'est super de le voir se mobiliser comme ça ! Il veut faire une psychothérapie. Il choisit un psy pratiquant l'hypnose. C'est à mon avis une excellente idée, ça pourra l'aider grandement face à la douleur. Rendez-vous dans quinze jours.

Sur le plan émotionnel, Jean Bernard progresse. Il aime de plus en plus l'enfant qu'il était, le Jean Bernard de tous les âges. Reste que nous attendons des améliorations de ses capacités cognitives, de sa mémoire, de ses repères spatiaux... La prochaine injection d'Avastin aura finalement lieu mercredi. Verra-t-on une amélioration aussi forte que la première fois ? Le médecin nous a prévenus, ce produit fonctionne très bien… jusqu'à ce que ça ne fonctionne plus, sans qu'on sache exactement pourquoi.

Mitsiko est arrivée du Canada. Cette femme est un vrai bonheur. Quand je suis allée à Montréal présenter mes livres dans une foire du livre, j'ai appris qu'une personne était surnommée la « Filliozat du Québec ». J'ai eu envie de la rencontrer. Nous nous sommes donné rendez-vous et ne nous sommes plus quittées ! Nous partageons les mêmes valeurs, travaillons dans la même passion ! Elle est devenue la responsable du déploiement de mes activités au Canada et nous avons réalisé ensemble le programme d'e-learning pour l'animation des ateliers que j'ai créés. Malheureusement, elle ne va pas bien. Son corps a étrangement gonflé dans l'avion de Montréal à Marseille. Une fois rentrée chez elle au Québec, les médecins diagnostiqueront un cancer inflammatoire du sein. Elle vivra l'horreur des chimios, mais elle s'en sortira. Pour l'heure, nous ignorons tout cela. Pleine d'empathie et de compassion pour Jean Bernard, elle lui consacre du temps, lui offre un massage, lui fait du reiki.

Mitsiko est venue pour une réunion, mes anciens et anciennes élèves les plus engagés veulent créer une association. Caroline, Chantal, Stéphanie, Anne, Philippe et Christelle sont là, Sarah et Laura sont présentes par Skype. J'ai assisté un moment à la réunion, puis ils ont travaillé seuls. Le soir, nous dînons dehors tous ensemble autour d'un grand plateau de sushis. Mitsiko propose un cercle de gratitude pour me rendre hommage. Chacun autour de la table m'exprime sa gratitude pour un moment, un geste, une parole, une attitude... Ils rendent hommage à mon travail et à ma personne. Adrien, Stefanía, sa petite amie, et Jean Bernard bien sûr, qui dînent avec nous, ne sont pas en reste. Je suis profondément touchée et ça me recharge. C'est bon de voir la relève se construire ! Ça me libère d'un poids de constater que les choses peuvent tourner sans moi. Quelle chance immense j'ai ! Je peux prendre le temps que je veux pour m'occuper de mon mari. C'est l'été, et depuis des années, je m'arrête deux mois pour pouvoir écrire. Le bouclage de l'écriture d'un livre me demande des temps de concentration de longue durée sans distraction. Cette année, je n'écrirai pas. J'ai prévenu mes éditeurs que tous les projets en cours étaient suspendus. Ils comprennent très bien, évidemment. Ni stage ni conférence avant septembre.

Espoirs

4 juillet. C'est enfin le jour de la seconde injection d'Avastin. Le rendez-vous est à 10 heures, mais le taxi payé par la sécu vient nous chercher à 7 h 30… Comme il y a pénurie de voitures, il nous a informés que nous allions partager le trajet avec un jeune homme qui s'est abîmé la colonne vertébrale en plongeant. On doit faire un détour par Aubagne. On le prend chez lui et on le dépose en chemin au centre de rééducation. Du coup, pour nous, c'est lever à 6 h 45, douche, médicaments, petit-déj rapidos... Nous montons dans le taxi à 7 h 30, direction Timone, mais en sus du détour, les embouteillages nous ralentissent. Arrivée à l'hôpital à 9 h 20. Près de deux heures de voiture ! Passage par l'administration pour « les étiquettes » identifiant le patient et qu'il faudra donner à l'infirmière, puis attente dans la chambre. « On arrive, on arrive », disent les soignantes en passant dans le couloir… deux heures !

De quoi mettre Jean Bernard en difficulté. Il avait donné rendez-vous à un éventuel investisseur pour sa société à 14 heures. Comme on nous avait dit que les horaires étaient fixes, que l'injection d'Avastin serait de 10 à 11 heures et que nous serions libres à 11 heures, nous y avions bêtement cru. Il faut dire qu'ils s'étaient montrés formels et nous avaient même souligné qu'ils ne pouvaient se permettre de retard avec ce produit !

Le taxi nous avait prévenus : inutile qu'il nous attende à 11 h 15 comme nous le lui demandions, nous pourrions aussi bien sortir à 13 heures qu'à 18. Il voyait ça tout le temps et refusait de prendre le risque. « Vous m'appelez quand vous avez fini, et on sera là ! » Oui, deux heures plus tard…

Après attente, visite de l'interne, nouvelle attente de résultats du labo, transmission des résultats, etc., l'injection a commencé à 12 h 15 pour une durée d'une heure. Cela a permis à Jean Bernard de travailler l'acceptation de ce qui est, et de préférer s'occuper de lui que de paraître un bon garçon à l'heure à ses rendez-vous. C'est un sacré enjeu pour lui que de se libérer du regard des autres. C'est au moins aussi important pour la guérison que l'Avastin !

J'apprends qu'un médecin homéopathe parisien s'est guéri d'un glioblastome par un travail émotionnel. Je l'appelle. Il me raconte que les médecins ne lui donnaient que deux mois de survie. Il dit avoir été sauvé par le travail réalisé avec une psy géniale.

Il m'en donne les coordonnées. C'est compliqué, car elle est à Paris, mais je note. Sans que cela n'ôte rien à son parcours, j'apprendrai par la suite qu'en sus de la psy, il a pu être opéré, ce qui n'est pas le cas de Jean Bernard.

Nous sommes sortis de l'hôpital à 13 h 45 et arrivés en retard, mais sans stress ! Jean Bernard était même prêt à louper son rendez-vous. Rentrés à la maison, direction la réunion avec les investisseurs. J'avale rapidement mon déjeuner. Lui avait eu un plateau de légumes à l'hôpital. Il avait évidemment laissé les deux yaourts sucrés et le fromage... C'est surréaliste de perfuser un traitement anti-prolifération cancéreuse à un patient, en mettant dans sa bouche des facteurs de croissance et du sucre dont les tumeurs se nourrissent pour croître et se multiplier. Il reste du boulot de formation à faire dans les cuisines ! On avait réussi à obtenir un plateau végétarien, c'est déjà ça. Des légumes non bio, passe encore, mais de la viande d'animaux élevés en batterie, ça non. Ça ne passera pas par nous.

Il faut téléphoner au laboratoire pour prévoir les prises de sang... Oups, on a oublié les médocs de midi. Vite, 16 heures l'infirmière arrive... Zut ! j'ai zappé de passer à la pharmacie pour acheter le produit. C'est dingue. Accompagnatrice de malade, c'est un métier 24 heures sur 24 et sans cesse des trucs à faire. Je fonce donc à la pharmacie. Je rappelle l'infirmière, puis l'hôpital pour qu'ils faxent l'ordo... et avec tout ça, pas eu le temps d'appeler un autre orthodontiste, ni la psy de Paris… le temps passe trop vite. Nos amis, la famille aimeraient avoir davantage de nouvelles, mais je ne peux tout simplement pas. Il n'y a pas de blanc, pas d'espace... Avec tout ça, il faut préparer les repas, faire les courses, m'occuper tout de même un tout petit peu de mon travail, de mon équipe, et des chiens... J'arrive le soir épuisée. Je m'endors à 21 h 30... Mes amis me demandent comment je vais. Eh bien, je vais, tout simplement. Par moments, c'est super dur. Le plus souvent, j'agis, il y a tellement à faire. Quand j'ai un peu de temps de repos, je médite, je pleure dans les bras de Margot, Adrien me fait un peu de massage ou de mouvement passif. J'ai surtout envie de silence, pas de conversation.

Hourra, l'Avastin fonctionne ! Dans les jours qui suivent l'injection, il va superbement mieux ! Jean Bernard dit qu'il voit plus nettement. Plein d'enthousiasme, il clame : « Avastin pour tout le monde ! » Il a la patate ! Hier soir, il a même participé à une réunion de discussion ! Il était content de revoir ses amis bouddhistes. Ils sont venus le chercher en voiture et l'ont ramené ensuite. Après le dîner, nous visionnons *Viva Joao*, le film envoyé par Michel Meignant. Les témoignages vibrants sur les guérisons à Abadiânia renforcent notre détermination. C'est décidé, nous partirons fin juillet.

Question alimentation, ça commence à être dur pour Jean Bernard. Il se plaint. Comme il est sous corticoïdes, nous salons très peu. C'est frustrant pour lui, d'autant que ça s'ajoute au sans sucre, sans blé et peu de protéines animales. Nous abordons le sujet en famille. Tous les quatre assis sur son lit, nous exposons chacun notre ressenti. Les enfants et moi exprimons notre désarroi quand il demande du pain ou un dessert. Nous voulons le nourrir lui, mais pas ces cellules folles qui détruisent son cerveau. Nous avons tous trois une conscience aiguë du rôle de la nourriture dans la guérison. Jean Bernard entend notre intention, notre amour pour lui. Il nous parle de son rapport à la nourriture, du poids de notre jugement sur lui. Il sait que nous pensons qu'il a creusé sa tombe en mangeant n'importe quoi dans le passé. Il se sent jugé. Il est vrai qu'une fois, il y a quelques années, je lui ai dit : « Jean Bernard, si tu as un jour un cancer du cerveau, je ne m'occuperai pas de toi. » Je m'en souviens encore, c'était dans la cuisine. Pourquoi lui avais-je dit cela ? Avons-nous une conscience de ce qui va se passer ? Est-ce un pur hasard parce que je le voyais avec son téléphone à l'oreille trop souvent ? Après cette discussion forte en émotions, il nous annonce qu'il décide de guérir et donc de manger plus consciemment.

J'apprends à faire les piqûres

Une grosse semaine approche : lundi, échographie du foie. Mardi, IRM. Mercredi, pose d'une chambre implantable pour faciliter les injections et vendredi départ pour le mariage de ma cousine Bhama ! Ça va nous changer les idées. Mais il faut se préparer, ça se passe en Vendée. Je dois pouvoir trouver une infirmière qui assure la piqûre quotidienne. Mais nos infirmières me proposent de me l'apprendre, ça peut toujours servir, surtout pour le Brésil… Après un temps d'hésitation, je me décide. Elles apportent le matériel pédagogique : une seringue et une orange. On plante direct l'aiguille dans la pulpe. Je dois m'y reprendre à plusieurs fois pour réussir à choper le coup. Pourtant, ce n'est qu'une orange. Je dois m'exercer d'ici demain jusqu'à ce que le geste soit franc et précis. Je ne suis pas certaine d'arriver à piquer mon amoureux, mais les infirmières m'encouragent. Elles sont super pédagogues. Histoire d'être prêt à me seconder en cas de besoin, Adrien profite des leçons et s'exerce aussi. Ça fait drôle de faire des piqûres à une orange, mais nous nous entraînons sérieusement. Il faut que nous soyons autonomes pour le mariage et pour le Brésil. Pas question de planter l'aiguille à moitié ou de vaciller quand ce sera la chair de mon amoureux. Bon, pour l'instant c'est un agrume ! Jusque-là, ça va.

Le jour venu de piquer mon homme, je suis pétrifiée. L'infirmière me montre comment choisir l'endroit de l'injection, puis saisir la peau, derme inclus, pour faire un bourrelet et planter avec détermination mon aiguille dans cette « orange » de chair. Ping, opération réussie. Une fois l'aiguille fichée dans la chair, reste à injecter le produit en pressant le piston de la seringue. Plus ou moins vite, il faut doser. Le liquide est très douloureux quand il se répand dans les tissus. Jean Bernard grimace, gémit… Ça le brûle. C'est vraiment dur de lui faire mal. Conscient de combien ce doit être difficile pour moi, il m'encourage, me soutient, me remercie. Ça y est, je lui ai fait sa première piqûre ! Une victoire bien dérisoire. Le moral n'est pas au beau fixe. Sur le plan de la mémoire et de l'orientation… ce n'est pas top. Le début de remontée constaté après la seconde injection n'a pas duré.

Adrien passe son code ! Parti au Canada à seize ans pour ses études, il n'avait pas terminé la conduite accompagnée et son examen du code n'était plus valable. Il a hâte d'avoir son permis, ne serait-ce que pour me soulager des trajets pour Jean Bernard. Il se rend à l'examen à vélo, pendant que j'emmène mon amoureux à la clinique de l'Étoile pour son écho du foie. Pour une fois, c'est tout près. C'est une maternité, ça fait drôle d'être entourés de femmes enceintes. Bonne nouvelle. L'écho montre un foie impeccable ! Voies biliaires OK. Vésicule OK. Ouf, c'est déjà ça !

Jeudi 12 juillet. Nous avons de la visite. Il y a désormais quatre repreneurs potentiels étudiant le dossier Vivre-Mieux. Les salariés hésitent encore. Quand il présente sa société, Jean Bernard revit. Il s'allume. Il expose les chiffres, explique la dynamique, ses valeurs, les points forts, les points faibles. On sent combien il est passionné et aime son entreprise. Le voir ainsi écouter avec attention et parler avec les repreneurs est impressionnant. Quel décalage avec son désarroi au quotidien. La désorientation est très forte, très handicapante, et si sa mémoire de poisson rouge nous arrache des rires, le côté cocasse n'enlève rien à la dimension terrifiante de cette perte de repères et d'autonomie.

Il faut partir au Brésil. Adrien vient avec nous. Margot préfère rester. Elle est un peu ambivalente sur la pertinence du voyage, mais elle sait que son père y tient énormément. Et puis, elle s'occupe de son papa depuis le début de la maladie. C'est éprouvant physiquement et surtout émotionnellement.

Elle est soulagée de voir son frère prendre la relève. Elle a bien besoin d'un peu de répit et de retrouver un semblant de vie normale avec son mari. Ils resteront à Paris. Nos chiens retrouveront leurs copains canins au chenil. Nous achetons nos billets d'avion juste avant de partir pour l'IRM, parce que, finalement, ça changerait quoi ? Si l'IRM est bon, ça veut dire qu'on peut y aller sans crainte d'œdème dans l'avion. S'il est mauvais, ça veut dire qu'il faut y aller ! Ce sera du 22 juillet au 5 août. Ce sont les dernières dates auxquelles Tereza peut nous accueillir et... par « hasard », ce sont aussi exactement les jours où Michel Meignant sera à Abadiânia ! Nous rencontrons l'oncologue le vendredi 20. Nos billets sont modifiables, mais notre décision est prise.

L'IRM est rapide, peu d'attente pour une fois. En revanche, Jean Bernard, Adrien et moi attendons un bon moment le taxi. Nous patientons dans le hall. Nous avons les clichés et le CD... Allez, jetons un œil ! Nous étalons les photos sur un comptoir vide... Difficile de dire, mais il nous semble que ça a un peu réduit. En tout cas, on ne voit plus l'inquiétante extension de la lésion vers l'avant. J'appelle Margot pour lui annoncer la bonne nouvelle, mais, avec sagesse, elle tempère notre excitation en soulignant que lire une IRM n'est pas si simple. Attendons la lecture officielle.

La chambre implantable

Le lendemain, c'est Adrien qui accompagne son père à la clinique de Bonneveine à Marseille pour la pose d'une chambre implantable, aussi appelée Port A Cath® (PAC), voire dispositif veineux implantable (DVI). C'est un dispositif qui permet d'injecter sans abîmer les veines. Ils partent tôt le matin avec le taxi. Heureusement qu'Adrien accompagne son père, il y a tout un parcours administratif avant d'arriver devant le chirurgien. Jamais Jean Bernard n'aurait trouvé sa route. Oups, Adrien a oublié les résultats de l'analyse sanguine. Je photographie les papiers qu'il a laissés sur la table et lui envoie par MMS. Merci les smartphones ! C'est parti pour de longs temps d'attente que père et fils mettent à profit pour passer de bons moments ensemble, squats, massages, mouvement et discussions.

À 17 heures, ils ont terminé. Adrien a les ordonnances pour les pansements. Mais, comme d'habitude, le taxi met du temps à arriver... Et c'est la mauvaise heure, ils sont coincés dans les embouteillages. Ils arrivent affamés à 19 h 30. Une longue journée ! Je les accueille avec des cœurs d'artichauts sautés aux crevettes et coriandre. Pour Jean Bernard, ça a été un jour mitigé. C'était long, éprouvant. Mais son fils était avec lui. Leurs échanges, l'attention si tendre d'Adrien, sa force aussi, sa vitalité, tout cela lui a fait un bien fou. Ses craintes sur sa relation à son fils se sont complètement évaporées. Recevant l'amour de son père, il est prêt à sentir l'amour de son fils et son amour pour lui. Sur le Facebook, Adrien écrit : « Papa m'a raconté plein d'histoires de son passé que je ne connaissais pas, je suis très inspiré par son chemin de vie. »

Pour l'instant, cette chambre implantable n'est pas douloureuse, mais il reprend à son compte les mots d'une amie qui traverse elle aussi le cancer : « Ça fait entrer dans la maladie. » On est marqué dans sa chair avec ce petit truc sous la peau. C'est très dur psychologiquement. Nous nous concentrons sur la cicatrisation. C'est un enjeu, car Jean Bernard est sous anticoagulants pour éviter les risques de thrombose cérébrale. En me couchant, je découvre que ce petit boîtier d'un centimètre est positionné à gauche. Je ne peux plus poser ma tête sur l'épaule de mon homme ! Ce truc a pris ma place ! Nous pourrions changer de côté dans le lit, mais ça compliquerait ses aventures nocturnes vers les toilettes. Bon, je me fais une raison, ça ne va pas rester longtemps ! C'est du moins ce que je crois à l'époque.

Mariage, tendresse, détresse et cocasseries

Le lendemain, je dépose les chiens au chenil. Ils y resteront toute une semaine. Nous prenons l'avion pour Nantes. Je suis épuisée, j'ai préféré nous réserver une chambre d'hôtel à l'aéroport de Nantes pour éviter de conduire plus d'une heure de nuit... Nous n'arriverons donc au gîte que demain, le 14 juillet. Tout risque d'être fermé. Mieux vaut faire nos courses avant. Le supermarché est immense. Jean Bernard ne peut rester debout, nous allons l'asseoir sur un banc dans le hall. Adrien et moi fonçons dans les rayons pour réunir ce dont nous avons besoin tout en revenant fréquemment pour surveiller notre homme, très perdu dans cet environnement bruyant.

La route s'avère bien plus longue qu'anticipée. Tout prend du temps en la matière... Comme dit souvent Jean Bernard : « Vivre, ça prend du temps. » Mon amour tendre n'en peut plus. Nous finissons par arriver au gîte niché en pleine forêt.

Ça va être calme. Margot, venant de Paris par le train, est déjà là avec ma sœur, ma mère et mes deux frères. Rémy, lui, dort dans la maison des parents du marié. Je nous installe dans une des chambres, la plus commode pour se rendre aux toilettes. Je fais passer le message, la porte des W.C. et la nôtre resteront ouvertes la nuit et je brancherai la petite veilleuse que j'ai achetée pour le guider. Je suis un peu anxieuse pour l'infirmière, mais elle arrive à l'heure prévue. Elle refait le pansement de Jean Bernard en constatant une bonne cicatrisation et lui fait sa piqûre. La cicatrice est peut-être belle, mais il vit très mal cette chambre implantable et ça se révèle bien plus douloureux qu'annoncé. Nous avions sous-estimé l'impact de cette intervention qui nous avait été présentée comme banale. Ils nous ont bien expliqué le petit boîtier d'un centimètre carré qui serait placé sous la peau et grâce auquel les infirmières allaient pouvoir piquer en toute sécurité… mais nous n'avions pas réalisé du tout que, forcément, le petit dispositif en question allait avec un cathéter, donc un fin tuyau souple, placé en profondeur et rejoignant une veine de gros calibre pour atteindre la veine cave supérieure ! C'était une tout autre histoire ! Il ne s'agissait pas seulement d'un petit truc sous la peau.

Mon frère Jean-Denis est effondré de voir son beau-frère dans cet état. Il n'avait pas pu venir à l'enterrement de notre oncle. C'est donc la première fois qu'il le voit depuis le début de la maladie. Mes frères et ma sœur s'activent en cuisine et prennent soin de Jean Bernard. Ma mère me prend dans ses bras. Les digues lâchent. Elle me laisse pleurer sans tenter de mettre de mots, elle accueille. Elle sent. Elle sait. Elle est là pour moi. Son empathie me permet de libérer un paquet de tensions accumulées. Je pleure longuement dans le giron de ma maman. Je sais qu'elle est à mes côtés, à nos côtés, dans l'épreuve.

Le 14, la fête a lieu dans le jardin. Bhama est la fille de Pierre, le frère de mon père et de Vasundhara. Outre le plaisir d'être au côté de ma cousine ce jour-là, ce mariage est l'occasion de revoir cette branche indienne de ma famille. Ces deux jours de festivités promettent un bain de tendresse dont j'ai bien besoin. Les tables sont dressées. Le cochon grille. La famille du marié sont agriculteurs. Nous sommes accueillis avec une chaleur et une compassion d'autant plus grande que l'état de Jean Bernard éveille des souvenirs douloureux pour eux. J'apprends qu'un des oncles du marié est décédé d'un glioblastome. Ils ont vécu les hauts et les bas que nous connaissons. Les agriculteurs sont la population la plus touchée par cette maladie. Le lien avec l'exposition aux pesticides étant avéré, le glioblastome est d'ailleurs reconnu comme maladie professionnelle. Je ne peux m'empêcher de voir mentalement le tracteur épandre ses produits phytosanitaires dans le champ voisin de notre maison. Un autre oncle a été emporté par une leucémie fulgurante. Cette dernière n'a pas encore le statut de maladie professionnelle à ce moment-là, mais les études montrent qu'une forte exposition aux pesticides, et en particulier aux insecticides, augmente de 50 % le risque de développer une leucémie aiguë myéloïde. Depuis, la ferme est résolument passée en bio. Ils élèvent des vaches laitières et cultivent leurs champs en bio pour nourrir leurs animaux.

Il y a beaucoup de monde, de bruits et de mouvements et il fait vraiment chaud. C'est trop de stimulations pour mon amoureux. Nous nous réfugions à l'intérieur. Vite rejoints par mon père ainsi que mon oncle et ma tante, âgés et craignant le soleil. Tout le monde est aux petits soins pour nous. Ma mère, mes frères et ma sœur se relayent pour leur apporter à manger, à boire, discuter, rire… Jean Bernard a mangé du cochon grillé, de la ratatouille et des mogettes.

Puis le dessert arrive. Nos hôtes ont pensé à tout, il y a deux gâteaux, un splendide meringué aux framboises et un autre, tout aussi joli, spécialement sans gluten et sans sucre. Dans ma famille, nous sommes plusieurs à être soit sans gluten, soit sans sucre, ou à éviter les deux. Tout le monde est servi. C'est délicieux. Soudain Jean Bernard considère son assiette et dit : « Le gâteau… Je n'ai rien ! » Nous ne pouvons nous empêcher d'éclater de rire. Il est vexé et s'insurge contre l'injustice. Nous rions de plus belle. Bien sûr qu'il n'y a rien dans son assiette, il a déjà tout avalé avec gourmandise ! Nous lui avions même concédé une entorse au régime et placé une belle part du gâteau meringué plein de sucre. C'est bon aussi de rire. Il sait qu'il perd la mémoire et nous croit. Nous lui redonnons tout de même une petite lichette de gâteau. Ça nous annonce des temps compliqués !

Plusieurs fois dans l'après-midi, il se plaint d'avoir faim. La cortisone stimule l'appétit, et puis ne pas se souvenir de ce qu'on vient à peine de manger, cela n'aide pas. Nous ne voulons pas le frustrer, mais quand il mange trop, il a la nausée. Une fois rentrés à la maison, il m'expliquera avoir pris conscience de projeter sur la nourriture sa difficulté à entrer en relation. Il répétait « J'ai faim » comme un sésame, parce qu'il ne parvenait pas à verbaliser autre chose. Mais c'est de relation qu'il avait faim. Il n'arrivait pas à se sentir vraiment avec nous, avec cette famille qu'il aime tant. Il éprouvait un grand désespoir d'être comme emprisonné à l'intérieur de lui alors qu'il avait envie de communiquer, de se sentir faire partie du groupe. Il n'a pas été seul un instant et pourtant, isolé par les déficiences de son cerveau, il se sentait terriblement seul. D'autant plus seul que nous étions autour de lui. Difficile pour nous de mesurer comment les blessures de son cerveau lui font expérimenter le monde.

Pourtant, quand Vincent et Adrien l'ont emmené marcher un peu dehors, il a beaucoup parlé, de sa famille, de son père, des causes de sa maladie, il a évoqué ses problèmes dentaires, la suspicion de grippe de sa mère… Au début, Jean Bernard était convaincu que c'était sa faute, qu'il y avait quelque chose qu'il avait fait ou pas fait : il avait mal mangé, mis trop son téléphone à l'oreille, pas assez guéri sa relation à son père. On se culpabilise toujours, pour tenter de conserver un peu de contrôle. Durant toute la maladie, la question du pourquoi revenait de manière récurrente. Il n'y a jamais une simple cause à un trouble de santé, mais de multiples facteurs qui se conjuguent pour aboutir à un désordre – psychiques et physiques. En vrac, exposition aux pesticides, aux radiations ionisantes et non ionisantes, aux ondes électromagnétiques, au polychlorure de Vinyle (PVC), *Candida Albicans*, alimentation sucrée et naissance en hiver.

Jean Bernard cochait toutes les cases. Comment se protéger des fréquents épandages de produits chimiques dans le champ qui jouxtait notre jardin ? Notre voisin d'en face est aussi décédé d'une tumeur au cerveau. Même si Jean Bernard vendait des produits bio et écolos, il était entouré de plastiques, notamment dans son activité d'importation de mobilier de restaurant. Il mettait son téléphone mobile à l'oreille, et quand il était devant son ordinateur, portait une oreillette qui ne faisait qu'amener les ondes plus vite à son cerveau. Son addiction au sucre et aux produits laitiers parlait de candidose. Il était un parmi des millions à subir ces expositions, et tous ne développent pas un glioblastome.

Jean Bernard avait deux autres points de vulnérabilité : une importante malocclusion dentaire et il était né en hiver. Les épidémiologistes ont en effet découvert une anomalie dans la distribution de la maladie (merci les ordinateurs) : 40 % des patients étaient nés en février ! Par un savant travail de déduction, ils ont conclu à une possible contamination périnatale par un virus. Grippe ou rougeole sont suspectées. Le virus aurait altéré les cellules-souches neurales, ces cellules multipotentes qui produiront neurones, astrocytes et oligodendrocytes. Tous les gliomes ont des parents. Les cellules-filles qui développent la tumeur sont issues des cellules-souches malades. Le déclenchement de la maladie se fait autour de 58-60 ans. Jean Bernard est né début mars, il a 60 ans.

Un médecin que nous avions consulté avait évoqué l'incidence d'une malocclusion dentaire, mais ce ne sera que deux ans après sa mort que tout prendra un sens, que je pourrai relier ses crises de rage à quatre ans, son goût immodéré pour les éclairs au chocolat, sa mauvaise mémoire, sa fatigue importante quand il était jeune adulte, ses ronflements, ses épisodes d'apnée du sommeil, ses infections dentaires et les dents qu'on lui avait arrachées au point qu'il n'en avait presque plus aucune de vraie, son menton en retrait, sa posture dos rond, et ses pieds en canard pour tenter de faire tenir le tout... Tout cela parlait d'un trouble orofacial myofonctionnel que je n'ai découvert que lors de mon travail à la commission des 1000 jours. S'y sont ajoutés la crainte du jugement d'autrui, son manque de sécurité intérieure, et l'impact des hormones de stress lors des lourds soucis financiers de son entreprise. Une maladie est toujours multicausale.

Jean Bernard est étonnamment clair, il parle beaucoup avec Vincent, des causes de sa maladie, de la vie, de la mort, d'amour et de gratitude. Ils remontent le chemin herbeux, la lumière est splendide, ensemble ils font silence, ils ont la sensation de communier dans la beauté de l'instant.

Quand le soleil se fait moins brûlant, nous nous installons à l'ombre d'un arbre. Jean Bernard s'allonge sur l'herbe, ma sœur Karina puise dans son répertoire des chants séfarades et lui offre un véritable bain de vibrations sonores. Il est transporté et ravi. Il se sent comme régénéré. Il est plein de gratitude et pleure doucement. Nous aussi. C'est un bon moment de communion. Après le dîner, nous ne nous attardons pas. Retour au gîte. Dodo. Toilettes. Dodo. Toilettes. Médicaments, petit-déjeuner, pansement et piqûre. Cette satanée injection qui lui fait si mal. Outre le glioblastome, les médecins ont repéré une petite thrombose dans le cerveau et on ne sait pas si elle est récente ou non. Elle est sous surveillance, mais comme le risque avec l'Avastin est justement la thrombose, on ne peut stopper la piqûre quotidienne d'anticoagulants. Nous avons demandé à pouvoir la convertir en comprimés, mais non, c'est impossible pour l'instant. La seringue permet un dosage plus précis que les comprimés qui passent par le système digestif. Là, rien ne se perd en route.

Cette immersion dans ma famille me fait énormément de bien. Après une agréable balade dans les bois, nous rejoignons les autres pour manger les restes de la veille. L'après-midi se déroule tranquillement. Vincent et Adrien rivalisent d'acrobaties et guident Jean Bernard dans des mouvements doux. En fin de journée, Karina donne un concert de chant lyrique a capella dans l'église du village. Nous nous y rendons. Elle nous emmène dans un voyage musical à travers les siècles et les contrées. Malgré sa fatigue, Jean Bernard ne raterait pas une occasion d'écouter cette voix magnifique.

Sentir mes deux frères et ma sœur, mon père, ma mère… tous auprès de moi, m'a ressourcée. Je suis pleine de gratitude d'avoir été ainsi entourée des attentions de chacun.

Le lundi matin, je passe chercher mon père et direction l'aéroport. J'avais proposé à Rémy de le ramener avec nous pour le déposer à Avignon. Sa chambre dans son hôtel favori était réservée à compter du mercredi. Rentrer à Paris après le mariage et repartir aussitôt pour Avignon aurait été compliqué et fatigant. Et puis, cela nous permettrait aussi de partager au moins un spectacle avec lui. Mon père ne manque pas un festival depuis quarante ans. Nous aimions y passer une ou deux journées avec lui. J'ai commandé un fauteuil roulant pour éviter à mon père les longues stations debout. Comme il y a de l'affluence, on nous propose de guider le fauteuil nous-mêmes jusqu'à la salle d'embarquement. Quand ce dernier commence, je nous signale à l'hôtesse qui nous intime d'attendre. Nous n'avons pas le droit de pousser nous-mêmes le fauteuil, et il faut une clé pour l'ascenseur spécial. Comme nous ne voyons personne arriver, mon père s'inquiète. Je le rassure. Nous embarquerons probablement après tout le monde. Au bout d'un moment, ne voyant toujours rien venir, je retourne parler à l'hôtesse qui cette fois appelle le préposé aux fauteuils roulants… qui nous avait totalement oubliés. Il arrive ! Nous embarquons de justesse.

Marathon médical

Jean Bernard a enfin son rendez-vous avec son psy. Hélas, ce dernier, pourtant expérimenté, ne réalise ni l'urgence ni l'état de son client. Au lieu de répondre à la demande sur la douleur, il lui fait raconter son enfance, et ne lui fait qu'une séance d'hypnose légère et décevante. Il n'y aura pas d'autre rendez-vous, Jean Bernard sera hospitalisé.

Demain, Avignon avec mon père, puis direct Montpellier pour un rendez-vous avec un médecin. Retour jeudi soir... pour se préparer vendredi à la troisième injection d'Avastin et faire nos bagages pour le Brésil… Je me rends compte que c'est trop de mouvement pour Jean Bernard, mais je ne réalise pas vraiment à quel point ce rythme que je lui impose peut être éprouvant pour lui. Bien sûr, ce voyage en Vendée l'a fatigué, il a souffert là-bas. Et en même temps, nous avons vécu, pleinement vécu.

On a ri, on a pleuré... On s'est remplis d'amour et ça aide à la guérison. Et puis, ça m'a ressourcée.

19 juillet, Avignon ! Le festival bat son plein, avec son lot d'embouteillages sur la route. Ni Jean Bernard ni Rémy ne peuvent marcher plus de quelques mètres, il me faut entrer dans la ville en voiture. Nous nous frayons un passage parmi les piétons jusqu'à la Mirande. Mon père vient à Avignon tous les ans depuis l'époque de Jean Vilar, dans les années soixante. Il descend à la Mirande, réservant toujours la même petite chambre sous les toits, parce que le papier peint lui rappelle celui de l'appartement de son oncle et de sa tante, les seules personnes chaleureuses et aimantes de son enfance, et à qui il attribue sa survie. Un rapide mais bon repas au bar de l'hôtel... C'est déjà l'heure du spectacle. Il n'y a que quelques mètres à franchir pour nous y rendre. Rémy nous a choisi un spectacle sans texte pour que ce ne soit pas trop compliqué pour Jean Bernard. Du mouvement, des couleurs, de la danse et de la musique, c'est dynamique et sympa. Même s'il ne voit pas très bien les détails, Jean Bernard apprécie. Petite sieste sur le lit de Rémy, puis direction Montpellier.

Nous y dormons une nuit chez une collègue et amie, ce qui nous évite deux heures de route. La maison de Caroline est géniale, nous y éprouvons un immédiat sentiment de bien-être guérissant ! Son fils est en pleine construction avec ses planchettes

Kapla en bois. Jean Bernard s'installe au sol avec lui. Il a toujours su y faire avec les enfants. Nous préparons le repas en les regardant bâtir côte à côte et communiquer de plus en plus. Pourtant ce petit garçon est un enfant atypique, il souffre d'un trouble neurodéveloppemental sur le spectre de l'autisme. Il entre d'ordinaire difficilement en relation avec de nouvelles personnes. Est-ce parce qu'ils ont tous les deux un bug dans leur cerveau ? Ou bien est-ce parce que Jean Bernard est lui-même, tout simplement, tout naturellement, sans rien attendre de l'autre, sans pression aucune pour que l'enfant lui réponde ? En tout cas, quelle belle connexion entre eux deux ! Trois ans plus tard, cet enfant s'en souviendra. Sorti de son trouble, mais ayant conservé une fantastique mémoire, il me racontera qu'il râlait dans sa tête parce que ce compagnon de jeu n'était pas précis quand il posait les petits morceaux de bois. Sûr ! Côté motricité fine, Jean Bernard n'était plus très au point…

Après une bonne nuit, Caroline et moi enregistrons des vidéos pour une formation en ligne. Pendant ce temps, Jean Bernard a fait sa pratique bouddhiste. Ici, il est plus relaxé que ces derniers jours. Puis, direction Saint-Clément pour déjeuner avant de rencontrer ce nouveau médecin qui utilise les ondes scalaires. Jean Bernard avait suivi un stage avec lui l'année précédente et était revenu fasciné par le potentiel de cette approche novatrice. Et puis nous avons déjà pu éprouver l'efficacité de ces ondes scalaires sur nos chiens. Une petite médaille à leur cou suffit pour éloigner tiques et puces ! Spectaculaire !

Nous nous sommes attablés à la terrasse du restaurant juste en face le cabinet pour ne pas avoir à courir à la dernière minute. Nous avons comme d'habitude commandé un plat sans sel pour Jean Bernard. Est-ce le fait de m'avoir entendu commander ? D'habitude, il ne disait rien, et à mon avis, ne s'en rendait pas vraiment compte, sauf pour le pain. Car j'ai cuisiné sans sel pendant des années et la salière était rarement présente sur la table. Mais là, il a grommelé contre son régime sans sel. Son repas lui paraissait fade. Nous avons beaucoup parlé, de désir et de frustration, de maladie et de santé, de nourriture physique et émotionnelle. Adrien et moi avons pris le temps de l'interroger, de l'aider à prendre conscience des enjeux. Nous avons convoqué des souvenirs, exprimé nos sentiments. Nous ne voulions rien laisser dans l'ombre. Cela a été l'occasion d'un bon partage intime entre nous trois.

Il est temps de traverser la rue, c'est l'heure de la consultation. Le médecin nous reçoit deux heures. C'est bon de rencontrer quelqu'un qui connaît vraiment le sujet et les différentes thérapies alternatives. Il est assez impressionné par l'exposé de tout ce que nous faisons déjà. Il nous explique que les deux principaux médicaments sont l'air (respirer profondément pour s'oxygéner) et l'eau (30 millilitres par kilogramme de poids par personne). Il nous invite à continuer le traitement Beljanski, la mélatonine, la vitamine D et d'y ajouter la vitamine C à hautes doses, mais bien en dehors des chimios, du glutathion liposomal ainsi que de bonnes doses de chlorophylle, et puis de l'Artemisia pour lutter contre les virus dont Jean Bernard est porteur (toxoplasmose, Epstein-Barr). Jean Bernard s'allonge pour recevoir le passage de quelques ondes scalaires. Pour l'instant, il ne lui administre pas encore de traitement. Il ne s'agit que de le remonter un peu en énergie. En descendant de la table, Jean Bernard est déçu, il n'a rien senti, mais Adrien et moi constatons une différence en termes de posture et d'énergie. Nous ressortons gonflés d'espoir par les perspectives. Demain, nous allons évoquer ces traitements avec l'oncologue de la Timone en sus de celui qu'elle propose.

Cette dernière nous accueille avec une excellente nouvelle, l'IRM montre une indéniable amélioration. L'œdème s'est totalement résorbé. Jean Bernard ne désire pas voir les images de son cerveau. Elle nous emmène, Adrien et moi, dans son bureau pour les visionner sur son ordinateur. C'est spectaculaire. Il a un beau cerveau tout dégagé maintenant… Enfin, il n'y a plus que la lésion principale, laquelle a un peu réduit, très peu, mais comme elle augmentait rapidement, c'est super de la voir stoppée dans son élan. Elle reste importante, mais on tient le bon bout. Nous parlons traitements complémentaires, l'oncologue nous confirme l'incompatibilité de la vitamine C avec la chimio.

Adrien reste aux côtés de Jean Bernard pendant qu'il reçoit sa troisième injection d'Avastin. Je vais chercher sa chimio à la pharmacie hospitalière à une dizaine de minutes à pied. L'oncologue a cherché à nous faciliter les choses au maximum pour le voyage au Brésil. Elle est très soutenante et positive. Elle nous a fait ordonnances et justificatifs pour l'avion de sorte que nous n'ayons aucun souci à la douane. C'est sûr que rien ne nous aurait fait changer de chemin, mais c'est agréable de sentir son soutien. Nous préparons les valises. J'ai renoncé à trouver une infirmière sur place, je suis devenue autonome sur les piqûres.

Le voyage au Brésil

Nous partons dans deux heures. Jean Bernard me dicte un post pour le Facebook : « Je suis complètement perdu et encore plus désorienté que d'habitude, mais grâce à Isabelle, Adrien, Margot et tous les messages, je me sens soutenu. Je ne sais pas où ce voyage va m'emmener. C'est un saut dans le vide : je ne contrôle plus rien et c'est peut-être déjà cela le premier message : lâcher prise. C'est difficile pour moi. C'est mon chemin. Je n'ai pas d'autre choix que de continuer à avancer (si ce n'est arrêter tout, mais j'aime trop la vie pour cela et j'ai la chance d'être entouré d'amour et c'est la clé). À bientôt. »

Il me demande aussi de noter avant d'oublier : « Rencontre père – liste animaux ». J'écris. Pourquoi me demande-t-il de noter maintenant ces mots qui ne font pas de sens pour moi ? Par moments, il semble tout à fait normal, parle, échange naturellement. Et à d'autres moments il est totalement perdu dans les limbes d'un espace étrange. Je prends note pour lui faire plaisir. En écrivant ce livre, je réalise qu'il m'avait demandé de lui faire faire le test de la liste d'animaux le jour de la rencontre avec son père…

Petite visite aux toilettes de l'aéroport de Marseille avant d'embarquer. Le pipi prend une place considérable dans notre existence. Quand il a envie, c'est impérieux. Heureusement, Adrien est avec nous et accompagne son père dans les toilettes pour hommes. Nos bagages sont enregistrés jusqu'à Brasilia, mais nous avons une correspondance d'une nuit à Lisbonne. Nous avons chacun conservé un petit sac à dos avec nos affaires pour dormir à l'hôtel. Nous sortons dîner. Tout semble fermé, sauf un restaurant de poisson typique. Nous nous installons. Chacun choisit son poisson sur l'étal puis il est grillé en cuisine. Pour Adrien ce sera un sabre noir. Jean Bernard et moi allons nous partager un gigantesque turbot. En garniture, Jean Bernard opte bien sûr pour des pommes de terre. Je le regarde avec tendresse. Ce n'est pas bon pour son cancer, mais c'est bon pour son moral. Je commande des légumes vapeur. C'est très copieux. Nous peinons à terminer, mais c'est délicieux et c'est un bon moment de partage à trois. Retour à l'hôtel, puis à l'aéroport de Lisbonne. Ça y est, c'est le vol pour le Brésil.

Dans l'avion, nous parlons. Il est anxieux. Il attend beaucoup de ce voyage, il craint d'attendre trop. Et s'il était déçu ? Si ça ne marchait pas ? Oui, mais si ça marchait ? Nous arrivons à Brasilia. Tereza nous a envoyé un taxi… qui n'est pas là. Après un peu de stress, nous le trouvons enfin.

Nous sommes au Brésil ! Une heure d'autoroute, nous obliquons, la route traverse le village d'Abadiânia que nous découvrons avec curiosité, nous poursuivons sur un petit chemin de terre… et nous arrivons dans un paysage sublime. Tereza nous accueille chaleureusement et nous fait visiter les lieux. Cette première semaine, nous sommes logés dans une maison isolée dans la vallée, en pleine nature. Une semaine sans réseau, ni mobile ni wifi, dans un cadre splendide et reposant. Les mangues sont délicieuses, et Tereza, bec sucré, a préparé une avalanche de gâteaux ! Du sucre bio, mais du sucre quand même. J'ai un mal fou à restreindre les portions de Jean Bernard. Elle m'affirme que le plaisir des gâteaux ne peut que lui faire du bien. Lui, évidemment, abonde dans son sens. Ce sera une bagarre de plusieurs jours pour qu'enfin elle entende que, même si les guérisons miraculeuses défient la science, consommer de grandes quantités de sucre raffiné pourrait ne pas aider.

Nous visitons les espaces extérieurs de la Casa de Dom Inacio de Loyola ; le médium n'incorpore les entités que trois jours par semaine. Aujourd'hui, c'est fermé. Petite escapade à la cascade sacrée. On descend un petit chemin, des bancs de bois en guise de salle d'attente. Barrière franchie, un banc permet de poser ses affaires, on se met en maillot de bain. En traversant le petit pont au-dessus de la rivière, on laisse le passé derrière soi, on pense à son intention dans le présent et on avance vers le futur... On marche sur les pierres en tentant de ne pas glisser. Le rituel consiste à se doucher sous la minuscule cascade par trois fois. L'eau est assez froide, mais c'est vivifiant et plus facile que je ne le craignais. Jean Bernard est un peu craintif, il n'aime pas le froid. Mais il y va. L'après-midi, nous avons réservé un bain de cristal de quarante minutes. Ça consiste à s'allonger sur un lit avec des cristaux qui projettent en clignotant des lumières de différentes couleurs sur chaque chakra. J'avoue que je n'ai pas senti grand-chose. Adrien guère plus. Chacun était dans sa petite chambre, je n'étais pas à portée de voix de Jean Bernard. Ça a été un peu compliqué pour lui, il ne comprenait pas qu'il devait rester seul allongé sur son lit. Ça lui a paru terriblement long. Nous n'y retournerons pas.

Mercredi, c'est notre premier passage devant Joao de Deus. Sur l'estrade un homme « chauffe » l'auditoire, il récite des prières en portugais, mais chacun les prononce dans sa langue ou intérieurement. Jean Bernard n'a pas de culture catholique, Adrien non plus, et de mon côté, si j'ai quelques vagues souvenirs du *Notre Père* et du *Je vous salue Marie* que ma tante récitait quand j'étais petite, je suis loin de les maîtriser. On nous invite à nous concentrer simplement sur une énergie masculine, puis sur une énergie féminine. J'apprécie cette ouverture. L'ambiance est très œcuménique.

Il y a des centaines de personnes sur deux files : *primeira vez* pour ceux dont c'est la première fois et *segunda vez* pour les autres. Nous patientons plusieurs heures dans le rang. La file avance lentement. On entre dans la première pièce, puis dans une autre, deux zones où une centaine de personnes méditent pour soutenir l'énergie nécessaire aux incorporations et protéger les gens des énergies nocives. Ça s'appelle le courant.

Puis on arrive devant Joao. L'entité qui s'incarne dans son corps saisit la main de Jean Bernard, dit quelques mots que Tereza traduit : « Opération demain à 8 heures ! » C'est déjà à moi. Il me prend la main, me sourit et c'est fini. C'est rapide et expéditif ! On a à peine le temps de réaliser qu'on le rencontre et c'est déjà terminé. Adrien vient derrière moi. Lui sent des picotements dans tout le corps au moment où il passe devant l'entité qui lui glisse un énigmatique : « Je vais faire ton travail », avant ce geste de la main, doux mais ferme, engageant tout notre corps vers la gauche, vers la sortie. Nous sommes contents. L'entité va s'occuper de Jean Bernard. Chacun a reçu un petit papier sur lequel a été griffonnée pour chacun la quantité de gélules à prendre. C'est « l'ordonnance ».

Pendant que Tereza fait la queue à la pharmacie du lieu et achète aussi de l'eau bénite, nous allons visiter la boutique de cristaux, j'achète quelques livres. Nous jetons un œil aussi au petit musée de cannes et de prothèses abandonnées là par ceux qui n'en ont plus eu besoin après leur passage. L'après-midi, Jean Bernard se repose pendant qu'Adrien et moi allons méditer dans le courant. Nous méditons quatre heures d'affilée, assis sur des bancs en bois et les yeux fermés, pendant que la file de gens venant voir l'entité avance. Heureusement, nous avons prévu chacun notre petit coussin. Jamais nous n'avions médité si longtemps, ni l'un ni l'autre. C'est une expérience puissante, qui se passe plus vite qu'on ne l'aurait cru. Au cours de notre séjour, nous retournerons plusieurs fois méditer dans le courant, chacun son tour pour ne pas laisser Jean Bernard seul.

Jeudi matin, Jean Bernard a donc son intervention spirituelle. Notre guide est avec lui. Assis dans la salle dédiée, chacun ferme les yeux, la main posée sur le cœur pendant que l'entité étend son énergie. Après ça, vingt-quatre heures au lit. C'est là que nous découvrons le protocole isolement et silence que nous n'avions pas respecté chez nous. Tereza me prépare une chambre. Je ne dormirai pas avec lui cette nuit, mais je suis à portée de voix et me lèverai régulièrement pour m'occuper de lui. Au début, Jean Bernard dit se sentir un peu plus clair et surtout, il n'a plus ce problème de faim insatiable. Il mange seulement la moitié de son assiette ce midi. L'espoir nous porte… mais retombe, la guérison miraculeuse n'a pas lieu. Malgré notre insistance à lui rappeler que les guérisons instantanées sont rares, son moral baisse dramatiquement.

Tereza réussit à nous convaincre Adrien et moi de faire aussi l'expérience d'une opération spirituelle. Je suis tiraillée. Bien sûr, je suis curieuse de vivre ça, mais je suis ici pour mon amour et je crains de ne pas pouvoir m'occuper de lui pendant les vingt-quatre heures où je serai alitée. Tereza me promet qu'elle prendra soin de Jean Bernard et ne le laissera pas seul. Adrien et moi vivons donc notre opération, puis, au lit. Tereza nous apporte régulièrement à boire et à manger et vient voir si tout va bien. Je déguste le repos, avec une oreille vers mon homme.

Après le déjeuner, je n'entends plus rien. Ils doivent être dans le jardin. En fin d'après-midi, je perçois des bruits de casserole comme si quelqu'un cognait, je me lève et me dirige vers la cuisine pour découvrir un Jean Bernard tremblant, désemparé, perdu et… SEUL. Elle est partie trois heures méditer dans le courant avec son amie, le laissant assis dans le jardin ! Il me raconte qu'il a eu faim. Il a tâtonné pour trouver la maison… Il a appelé, mais Adrien et moi étions trop loin pour l'entendre.

Il avait eu peur du cheval, du chien. Il a réussi à ouvrir la grille qui fermait la cuisine et a fini par se retrouver à l'intérieur et s'y enfermer. En ouvrant un peu tout, il a trouvé à manger, mais ensuite, ne savait pas comment trouver sa chambre. Il s'est mis à faire du bruit avec les casseroles pour que quelqu'un vienne... Notre hôte minimise, évidemment, et souligne qu'il s'en est sorti... mais cette expérience de désarroi mêlé de terreur a abîmé un peu plus le moral de mon amoureux. Je m'en veux terriblement de l'avoir laissé. On ne m'y reprendra plus.

Ce soir-là, Jean Bernard exprime son mal-être. Il est déprimé, déçu... Devant l'absence de tout progrès, Adrien et moi discutons de l'opportunité de commencer les cinq jours de chimio. L'oncologue nous a laissés libres d'en choisir le moment. Lourde responsabilité. Nous avons Margot au téléphone, elle est d'accord pour la chimio. Nous décidons de commencer dès le lendemain matin.

Ce soir, je retrouve le lit à ses côtés. Le protocole veut que nous nous abstenions de sexe encore quelque temps, mais de toute façon, nous n'y pensons même pas. Ici, je suis du bon côté pour poser ma tête sur son épaule. Nous nous ressourçons l'un contre l'autre avec tendresse. Son corps ne dégage plus la même énergie. Il n'en émane plus la tonicité, la chaleur d'avant. C'est un contact étrange. Mais c'est encore mon homme. Je l'aime.

Je suis venue avec une valise pleine de médicaments. Deux gros packs de seringues de Lovenox, des boîtes de cortisone, de diffu K, des huiles essentielles, ses compléments alimentaires… J'ai tout disposé sur les petites étagères de la chambre. J'attrape le Temodal sous blister et les gants dans ma petite pharmacie. C'est parti pour le rituel. Au petit-déjeuner, Jean Bernard est un peu nauséeux. Nous devisons au soleil dans le jardin en dégustant une délicieuse soupe de mangue. Nous le nourrissons par petites doses pour éviter les nausées. Pour l'instant, nous ne voyons guère d'amélioration de son état général. Nous sommes un peu inquiets et pleins de doutes. Avons-nous bien fait de lui donner le Temodal ? Cette chimio réduit la tumeur… mais crée de l'œdème. Aurions-nous dû attendre ? Donner la chimio est dangereux, mais le laisser sans la chimio aussi. Tout est dangereux. Contactée, l'infirmière de l'hôpital nous incite à poursuivre.

Jean Bernard a envie d'une balade. Lui pense à une promenade d'une dizaine de minutes dans les alentours, mais je perçois bien que notre hôte a envie de crapahuter bien davantage. Je la préviens qu'il est très fatigué… mais leur balade durera plus d'une heure et je retrouverai mon amoureux totalement épuisé. Je mesure combien il est difficile pour les gens qui ne le connaissent pas d'imaginer ce qu'il peut vivre à l'intérieur. Elle sait qu'il est gravement malade, elle sait qu'il a peu de mémoire et ne voit pas bien, mais elle ne le mesure pas. Elle l'a emmené dans des endroits bien trop chaotiques pour que ce soit agréable pour lui. Heureusement, Adrien était avec eux et a soutenu son père.

Notre hôte reçoit d'autres personnes, nous devons déménager. Elle nous a trouvé une agréable maison dans la ville et a rempli le frigo. Nous pourrons aller à pied au restaurant, à la Casa ou faire quelques courses. Nous apprécions cette autonomie, notamment pour les repas. Le soir, nous nous rendons à la projection publique du film de Michel Meignant suivie d'un débat. Puis resto : hamburger bio, patates et salade, ça le remonte en énergie !

À la Casa, nous plaçons chacun nos vœux dans les endroits dédiés : dans le triangle, devant les portraits du roi Salomon et de sainte Rita. Tereza écrit ceux de Jean Bernard. J'écris des vœux pour la guérison de mon homme, pour Vivre-Mieux et pour quelques personnes de mon entourage. Ce qui se passe ici est assez fantastique. Nous parlons avec les gens que nous rencontrons au restaurant, dans les jardins de la Casa ou dans les rues. Nous ne passons pas un jour, pas une heure, sans entendre un nouveau témoignage d'une personne guérie. Cela donne tellement d'espoir !

C'est le troisième jour de chimio, dur, dur... Un peu de mal de tête, mais surtout beaucoup de nausées. Jean Bernard est fasciné par une vidéo de chirurgie visible menée par les entités. Il se la passe en boucle. Il a l'impression que cette opération est plus efficace que l'invisible qu'il est réputé avoir subi.

L'équilibre de Jean Bernard s'est beaucoup détérioré. Nous devons le soutenir pour marcher jusqu'au salon. Nous insistons pour l'emmener dehors, le faire marcher quelques pas dans le mini jardin. Il ne veut pas rester assis ; quand il n'est pas dans son lit, il s'allonge sur le canapé du salon. Les toilettes sont toujours une aventure. S'asseoir sur la lunette est devenu très compliqué. Quand la proprioception est altérée, il n'est pas facile d'arriver à plier les genoux au bon moment et se mettre en arrière devient terrifiant. En plus, il ne maîtrise plus très bien ses membres, qui se raidissent tout seuls. Heureusement que j'ai quelques notions d'ergonomie. Je le soutiens en lui parlant affectueusement mais avec assurance : « Stop, je te tiens, tu ne risques rien. Sens mes bras. Tu peux te laisser aller en arrière. Là, tu peux t'asseoir, les toilettes sont juste en dessous… Je te tiens… » Il m'arrive de durcir le ton, difficile parfois de ne pas m'énerver devant ses « Je vais tomber » alors que je le soutiens de mes bras. « Non, tu ne vas pas tomber ! » Je m'en veux immédiatement. Une fois assis, je le laisse faire ses besoins, puis je reviens le chercher. Parfois il parvient à se lever seul, mais je le trouve alors debout devant la douche ou le lavabo, tentant d'avancer face à un mur ou un obstacle, sans chercher à le contourner. J'avoue que c'est assez terrifiant de le voir ainsi incapable de trouver la sortie de la salle de bains.

Nous rentrons dans quelques jours. Jean Bernard ne peut pas voyager en classe éco. Il est trop mal, trop branlant. Gérard a proposé de payer le surclassement dans l'avion pour notre retour. Jean Bernard en a pleuré de gratitude. Il sent l'amour entre son père et lui maintenant.

Les nausées s'intensifient au point que nous hésitons à lui donner les deux derniers comprimés de Temodal. Nous discutons sur Skype avec Margot. A-t-on le droit de le rendre malade pour tenter de le faire guérir ? C'est trop dur de le voir souffrir comme ça. Nous sommes désemparés. Solange, l'infirmière coordinatrice, nous transmet l'avis du staff : nous pouvons stopper pendant une journée avant de lui donner le cinquième comprimé... Bon, ce n'est que reculer d'un jour... Nous décidons de terminer tout le traitement.

Fatigue et désorientation ont augmenté. Le voir chuter comme ça... c'est terrible. Nous sommes démoralisés. Adrien et moi nous sentons un peu coupables, nous nous posons des questions sur le Pantoprazole. Nous voulions réduire le nombre de médicaments et l'oncologue nous avait autorisés à supprimer ce pansement gastrique tout en nous recommandant de le reprendre au moindre mal au ventre... Il a eu mal au ventre, mais nous avons zappé cette histoire de Pantoprazole. De toute façon, je n'en avais pas emporté. Était-ce à cause de cette décision, donc de nous, qu'il avait si mal au ventre ? Mais si nous avions demandé sa suppression, c'est que parmi les effets secondaires, il y avait nausées, vomissements, vertiges... Nous nous en sommes voulu, tous les deux. Surtout quand nous avons appris un peu plus tard que le Pantoprazole avait une action réductrice sur les tumeurs cérébrales !

Mercredi, Jean Bernard est repassé devant l'entité qui a dit « Je vais m'occuper de toi cet après-midi », donc nouvelle opération. Adrien et moi ne voulons plus le quitter d'une semelle. Adrien ira faire l'opération avec lui, je m'en abstiendrai pour pouvoir leur faire à manger et les veiller tous les deux. Jean Bernard ne tient plus à la verticale. Il cherche à s'allonger sur la chaise dans la grande salle où ils patientent avant d'être appelés. Il ne sait plus trop où il est, il veut partir... Aidé de Tereza, Adrien le porte presque jusqu'à la salle des opérations invisibles. Il est vraiment très mal et se plaint, il ne veut pas ce truc invisible. Une fois rentrés, vingt-quatre heures au lit. La chambre d'Adrien est juste en face de la nôtre. En laissant les portes ouvertes, il voit et entend son père.

Toujours pas de miracle. Jean Bernard exprime sa déception. Il aurait aimé du spectaculaire, du sang. Des mains qui plongent dans son cerveau et ôtent la tumeur. Il a le sentiment d'avoir eu une fausse opération, une opération au rabais, moins efficace. La dégradation de son état moral est nette : « J'ai fait un pari, je l'ai perdu », « ça n'a servi à rien de venir », « ça ne finira jamais », « je veux mourir », « je n'y crois plus »... Il va vraiment très mal, je ne l'ai jamais vu comme ça, si abattu, désespéré, voire suicidaire. J'appelle en France, sa sœur Carole d'abord, puis l'hôpital. Par le truchement de Solange, l'oncologue de la Timone me répond d'augmenter la cortisone. L'amélioration se faisant attendre, nous appelons le pharmacien-infirmier du coin, un type super adorable qui vérifie les paramètres de Jean Bernard, cœur, tension... et propose de lui passer une perfusion pour le réhydrater, ainsi que des vitamines. Il est vrai qu'il ne boit que très peu malgré notre insistance. Il revient avec les produits requis ainsi qu'un anti-nauséeux. Le tout semble bien fonctionner. Jean Bernard est éperdu de reconnaissance et pense que le gars va le guérir. La perfusion passe. Très attentif, l'infirmier revient peu après pour tester la glycémie, un peu élevée, mais comme il lui passe du glucose, il dit que c'est normal. Bon, le glucose, ça m'a fait un peu peur pour la tumeur... mais il faut le remonter en énergie. Carole s'est renseignée et elle me confirme que le Témodal est susceptible d'entraîner dépression et idées suicidaires. C'est bien ce que je pensais. Les pensées noires de Jean Bernard sont tellement exagérées ! Il y a une part émotionnelle – il est clair que ce n'est pas agréable de vivre ce qu'il vit –, mais il y a aussi une part biochimique. Depuis que j'en ai eu confirmation, je me sens soulagée. On va l'aider à traverser tout ça ! Mais dur, dur la chimio, cette fois-ci !

Nous n'allons pas à la Casa aujourd'hui. Adrien s'y rend pour la famille faire la « bye bye line », pour clôturer notre aventure. Demain remise en forme du Jean Bernard et dimanche retour maison. Adrien et moi avons énormément bénéficié de ce séjour. Pendant son opération invisible, Adrien a vécu quelque chose de fort, avec une nette sensation d'un objet métallique qui descendait à l'intérieur de sa poitrine. Et surtout, nos méditations dans le courant et sur les terrasses tant à la Casa que chez Tereza nous ont transportés. Nous nous sommes sentis portés par les énergies du lieu. Depuis le passage de l'infirmier, Jean Bernard se sent mieux, bien qu'encore faible en énergie. Il peut enfin manger un peu de riz, de poisson et de pain. Quel soulagement de ne plus le voir si nauséeux. Maintenant il faut juste que le moral revienne !

Un mieux le lendemain matin, mais tant de pertes d'équilibre ! Je suis inquiète pour le voyage, j'ai peur de l'œdème, d'une crise épilepsie… Je partage mon inquiétude et mes questions sur Skype avec Carole qui tente de joindre le service pour me répondre sur la question du dosage de la cortisone. J'appelle Margot qui se met immédiatement en contact avec son amie interne que j'avais croisée dans les escaliers de l'hôpital. Tatiana répond avec patience à toutes mes questions. Je suis donc maintenant tout à fait rassurée sur le plan médical. Et je sais combien de cortisone je peux lui donner en cas de douleur.

Dernier jour avant de repartir pour la France. Hier, Jean Bernard a prié pour retrouver la clarté dans son esprit. Et Adrien et moi pour que le voyage de retour se déroule sans encombre. Et ce matin... il parle, marche... C'est tout simplement incroyable. Il s'est levé très tôt et attend Tereza avec impatience, il voudrait retourner à la cascade ! Si Jean Bernard n'a pas la mémoire de son état de la veille, ni Adrien ni moi ne pouvions envisager une telle résurrection. Hier encore, il titubait. Nous devions le soutenir à deux pour lui faire faire trois pas. Aujourd'hui, il s'exprime, fait des phrases et va aux toilettes en toute autonomie ! Il vient prendre son petit-déjeuner à table et apprécie ce qu'il mange. Adrien et moi n'en croyons pas nos yeux. Nous parlons plus que nous n'avons pu le faire les jours précédents. Son désir de mourir n'est plus là. Il a envie de guérir et me demande d'aller rencontrer les spécialistes de sa maladie en France. Il prie et visionne en boucle sa vidéo favorite d'opération visible. Il se met en contact avec cette énergie en visualisant que l'entité le traite en même temps.

Retenue par un souci, Tereza n'arrive qu'un peu avant midi. Nous n'avons que peu de temps avant l'arrivée de notre taxi pour l'aéroport. Jean Bernard évoque avec tranquillité sa déception : « Ça n'a pas été suffisant pour me guérir. J'ai reçu pas mal ici. La vie a toujours été généreuse pour moi. Je me suis toujours senti protégé d'avoir rencontré... voilà... là... pour moi c'est toujours animé par la gratitude... Toi, les entités, voilà... Mes expériences de vie... Ce qui est important pour moi, c'est ce que je reçois et comment j'arrive à contribuer... partager, transmettre aux autres ce qui me nourrit. » Sa voix est vibrante. Tereza parle de l'importance de se confier à la Vierge, à l'énergie féminine. Il répond avec un sourire : « La meilleure énergie féminine que j'ai, c'est ma femme. Elle n'est pas vierge... C'est pas la Vierge, mais c'est aussi bon. » Il me demande si je suis d'accord... Il rigole en me regardant avec complicité... Quelques secondes plus tard sa voix s'étrangle quand il dit : « C'est sûr que, sans Isabelle, mon désespoir aurait été plus grand encore. Elle m'a protégé. Ça n'a pas été suffisant pour me guérir, mais je sens que je suis sur le chemin. Je me sens très protégé. Je m'aime plus moi-même ces derniers temps. » Puis il demande « Comment va Jean de Dieu ? » Tereza s'étonne, on lui pose rarement la question. Jean Bernard répond : « Son histoire m'interpelle. Jean de Dieu donne tellement ! J'ai l'impression qu'il donne plus qu'il ne reçoit ! Ça me touche ! L'humain a toujours été le plus important. L'être humain m'a toujours touché. On s'est rencontrés chacun sur notre chemin de vie. Chacun avec sa problématique différente autour de la maladie. »

Jean Bernard a souvent évoqué combien il avait le sentiment de donner plus qu'il ne recevait.

Nous sommes stupéfaits de la sagesse de ses propos au vu de son état. Enfin, Tereza surtout, Adrien et moi connaissons notre homme. Mais il semblerait que ce soit le vrai Jean Bernard qui apparaisse de nouveau, alors que nous n'avions plus entre les bras qu'un corps raide, maladroit et déséquilibré, habité par des peurs.

Dans le taxi qui nous mène à l'aéroport, il devise avec le chauffeur en portugais. Il a vécu et travaillé six mois au Brésil quand il était jeune et parle la langue, mais dans son état… ! Adrien et moi nous regardons éblouis… Un seul moment délicat, il veut s'arrêter pour faire pipi et ne parvient pas à comprendre que nous sommes sur l'autoroute. Le chauffeur préférerait ne pas s'arrêter, nous arrivons dans une demi-heure… mais Jean Bernard insiste tant qu'il finit par céder et laisser pisser son passager pisseur.

Arrivés à l'aéroport, le fauteuil roulant nous attend, mais Jean Bernard se rend aux toilettes en trottinant au bras de son fils. Ils sillonnent l'aéroport en tous sens. Il ne rejoint ses roues que pour passer plus facilement les contrôles.

Nous avons droit au salon d'attente des VIP, avec un superbe buffet. Il y a des mangues, mais aussi toutes sortes de petits fours, fromages et pâtisseries. Je tente de préparer l'assiette de Jean Bernard mais… il se sert avec entrain. Nous le regardons se délecter de sucre et de gluten avec un mélange de tendresse et de consternation. Lui s'en donne à cœur joie !

Dans l'avion, Jean Bernard et moi sommes assis côte à côte. Adrien est dans une autre rangée. Il découvre les boutons et multiples possibilités des fauteuils de première classe. J'ai commandé des repas végétariens… Adrien et Jean Bernard se plaignent, et finissent par obtenir le plateau de première classe. Je sirote le champagne. C'est le moment de sa piqûre. Nous tournons, les infirmières et moi, sur quatre zones pour permettre à la chair de se réparer après l'agression. Il faut éviter de repiquer dans un œdème ou d'en créer. Je me revois pendant ce vol de retour d'Abadiânia, lever son tee-shirt pour chercher un carré de chair pas encore trop rouge sur son ventre, plus accessible sur ce siège d'avion que la cuisse. Ce n'est pas commode, je lui ai peut-être fait plus mal que d'habitude, mais il m'exprime encore une fois sa gratitude avec tant d'amour que cet instant restera gravé dans ma mémoire. Il me remercie de faire ça pour lui. Trois ans plus tard, je me souviendrai de cette piqûre précise plus que de toutes les autres, mais chaque jour, ce temps de la piqûre est à la fois un moment de souffrance et d'intimité partagée, de gratitude mutuelle. Nous sentons notre lien. Nous vivons chaque instant le plus intensément possible, conscients de la chance que nous avons d'être ensemble, d'être là l'un pour l'autre, d'être partenaires dans l'adversité, de nous aimer autant. Nous revenons chez nous, le miracle espéré n'a pas eu lieu. Mais nous aurons tenté. Jean Bernard saisissait toutes les occasions d'enseigner à ses enfants qu'il valait mieux se tromper plutôt que de risquer de regretter. Nous avons suivi cet adage.

Même si Jean Bernard se porte nettement mieux depuis ce matin, nous savons tous les deux que la guérison est incertaine. Nous sommes déterminés à gagner la partie, mais cela ne signifie pas forcément vaincre la maladie. Pour tous les deux, la manière dont nous parcourons le chemin est plus importante que le résultat apparent. Bien sûr, nous préférerions qu'il guérisse et que nous puissions vieillir tranquillement côte à côte. Mais si nos âmes/nos guides/la vie en ont décidé autrement, nous vivrons la mort et la séparation. Attention, je ne suis pas toujours dans la zénitude et l'acceptation ! La spiritualité est un chemin avec des bosses ! Peu après la mort de Jean Bernard, j'ai jeté au sol avec fureur le livre d'Anita Moorjani. Elle y raconte comment, alors que selon les médecins elle n'avait plus que quelques heures à vivre, elle a fait une expérience de mort imminente dont elle est revenue guérie de son cancer. C'en était trop pour moi. Pourquoi elle et pas Jean Bernard ? J'ai hurlé ! J'étais absolument furieuse. Ma spiritualité forme comme une base, un fil rouge, c'est le fond de l'océan. Mais quand la tempête fait rage en surface, les vagues peuvent être hautes. La sagesse profonde ne limite pas l'intensité émotionnelle. Mais elle permet de ne pas rester piégé dedans et de ne pas se noyer.

Il y avait très peu de monde dans la cabine. Nous avons bien dormi et c'était confortable pour les déplacements chaotiques de Jean Bernard vers les pipi-rooms. Nous atterrissons à l'aéroport de Lisbonne avec une heure de retard. Nous craignons de louper notre correspondance. Jean Bernard court avec nous dans les couloirs. Adrien et moi croyons halluciner. Comment peut-il courir ? C'est dingue ! Quand nous arrivons devant la porte, le vol est clôt. Impossible de faire fléchir le personnel navigant. Dix ans auparavant, dans une situation similaire, Jean Bernard avait réussi à faire rouvrir un vol dont la porte était déjà fermée en faisant de grands signes au pilote depuis la baie vitrée avec un grand sourire. Ma mère était déjà dans l'avion. Comme nous venions de Marseille, nous la rejoignions à Roissy pour ce vol vers l'Argentine. Nous y repensons avec un sourire aux lèvres, mais cette fois, nous n'avons pas la même énergie.

L'avion pour Marseille part sous nos yeux. Le prochain est dans quatre heures. L'aéroport est bondé. Quel contraste avec le calme d'Abadiânia ! Pas un siège libre dans les immenses salles d'attente. Nous prenons un ticket pour avoir notre tour dans un restaurant. Nous repérons à l'étage le salon VIP.

Hélas, nous sommes refoulés. Notre billet ne nous donne pas droit à cet espace. La première classe ne concernait que le premier vol. Notre Lisbonne-Marseille est en classe éco. Nous considérons la situation. C'est tout de même bien plus calme ici à l'étage et il y a de la moquette. Nous nous calons dans un recoin presque tranquille. Nous passons un bon moment, sieste et discussion allongés sur le sol. C'est frustrant de ne pas pouvoir retrouver Margot plus vite, mais bon, l'important est de vivre l'instant présent au mieux. Jean Bernard ne semble pas souffrir de la situation. De toute façon, il a toujours fait le meilleur avec ce qui se présentait. Nous sommes vivants, nous sommes ensemble, donc nous sommes heureux, même assis sur la moquette, d'ailleurs bien plus confortable que les sièges durs de la salle d'attente.

Margot n'arrivant de Paris que ce soir, nos amis Alain et Sophie sont venus nous chercher à l'aéroport. Avec une pointe d'humour, Jean Bernard leur glisse : « J'ai été jusqu'au Brésil pour me faire soigner alors que j'ai du mal à trouver le soir la porte de ma salle de bains. » Alain a vu quelques fois Jean Bernard pendant sa maladie. Au début, il l'a trouvé « sonné » par ce qu'il lui arrivait, ahuri par la soudaineté d'un choc incompréhensible. Puis, au fil du temps, il l'a vu animé d'une grande sagesse. Il avait « lâché » et semblait accepter de plus en plus sereinement les évènements, avec courage et beaucoup de dignité. Son chemin spirituel l'a beaucoup aidé.

Nous sommes finalement arrivés à la maison vers 18 heures. Fatigués !

Le retour, une nouvelle étape

Margot et Chris, son mari, sont là, font à manger et s'occupent des chiens. Nous accusons le décalage horaire et la fatigue du voyage. Mais nous sommes chargés à bloc pour la nouvelle étape qui s'ouvre devant nous. Après-midi : réunion familiale pour faire le point, préciser les besoins de chacun et élaborer notre plan d'action. Nous choisissons de nous retrouver dans notre salle polyvalente pour être tranquilles sans téléphone et donner un cadre plus officiel à la réunion. Il est important pour nous de vérifier nos attentes mutuelles. Partager les nôtres et entendre les siennes. Interrogé sur son état d'esprit, Jean Bernard réaffirme son désir de guérir (et non plus de mourir) et place en priorité n° 1 de récupérer les fonctions de son cerveau. Quel accompagnement désire-t-il de notre part ? Nous ne voulons pas vouloir pour lui, nous ne voulons plus être dans le rôle de ceux qui frustrent, nous ne voulons plus lui dire ce qu'il peut et ne peut pas manger. Il sait ce qui nourrit le glioblastome et ce qui nourrit le Jean Bernard. Mais il est vrai que le glioblastome est convaincant et appelle fort le sucre ! Nous mesurons que ce n'est pas facile pour lui de résister aux tentations. La discussion est riche en émotions, en empathie, mais nous ne lâchons pas. Si c'est son choix de prendre ce risque-là de nourrir la maladie, ce sera dur pour nous, mais nous l'accompagnerons. La discussion progresse. Il préfère revenir au régime cétogène. Nous nous accordons sur une coopération entre lui et nous, et pour des pré et probiotiques pour l'aider à se libérer du *Candida Albicans* et restaurer sa flore intestinale. C'est bon pour la nourriture, reste à discuter des traitements. Je promets de faire une synthèse de ce que j'ai trouvé. Margot a aussi fait des recherches. Nous allons mettre tout cela en commun et au propre pour y réfléchir en famille.

Le lendemain, Margot et Chris emmènent Jean Bernard pour son Avastin. Ils y vont en voiture pour éviter les heures d'attente pour un taxi. Cette fois, tout se passe assez rapidement et dans les temps. Il nous manque une ordonnance pour que nos infirmières puissent continuer les injections de Lovenox, Margot a mission de ne pas repartir sans. Nous devons sans cesse être vigilants à toute la paperasserie nécessaire.

Cette matinée off m'a permis de finaliser le tableau des options de traitement. Les enfants et moi nous nous réunissons. Tout cela est trop compliqué pour Jean Bernard qui nous fait confiance pour prendre les décisions. Ces dernières ne sont pas simples à prendre, certains traitements peuvent se révéler incompatibles. Nous formons une super équipe. Margot et moi sommes plongées dans les recherches, fouillons internet pour trouver des infos et nous cuisinons. Adrien coache son père : mouvement et respiration, et lui fait de bons massages… Bon, ce n'est pas aussi tranché que ça. Adrien est aussi en cuisine, trouve des études scientifiques sur la Toile. Et Margot et moi massons et mobilisons Jean Bernard, quoique avec moins de professionnalisme ! En tout cas, nous sommes ensemble. Jamais une dispute, jamais une critique de ce que fait l'un ou l'autre ou de la manière dont il le fait. Cette aventure humaine nous soude plus encore.

Après discussion, nous décidons de poursuivre le protocole proposé par la Timone : Avastin et Témodal. Nous continuons aussi les produits Beljanski. Un ami nous a posté des amandes de noyaux d'abricot, à tester. Nous reportons la vitamine C pour l'instant, ainsi que tous les antioxydants, contre-indiqués avec Témodal et Avastin. En revanche, nous voulons étudier plus avant l'eau oxygénée, le bicarbonate de soude, la DMSO et éplucher les études disponibles sur le dioxyde de chlore pour une future étape. Nous nous renseignons encore pour le cannabis et le CBD. Le cannabidiol (CBD) est un constituant du cannabis, sans effet psychotrope, il est autorisé en France. Nous cherchons un médecin pour nous conseiller sur le dosage de l'artémisinine. Et voilà.

Jean Bernard et moi avons toujours eu une grande complicité physique. Ce soir-là, nous nous rapprochons, sourire aux lèvres et larmes au bord des yeux. Lentement, très lentement, nous faisons l'amour. Les yeux dans les yeux, le cœur dans le cœur, le sexe dans le sexe. Ce soir-là, nous sommes tous deux 100 % dans le présent, attentifs comme jamais l'un à l'autre, une part de nous sachant probablement que ce serait la dernière fois. L'explosion orgastique est d'une puissance et d'une durée infinie. Nous en sommes éblouis : encore quelque chose de nouveau ! Nous ne comprenions pas les gens qui parlent de lassitude dans leur sexualité. En vingt-cinq ans de sexe, nous ne nous sommes jamais ennuyés, nous avions souvent l'impression de découvrir de nouvelles sensations, de nouvelles façons de s'aimer, comme si l'exploration était infinie.

Pendant la balade des chiens, Vivre-Mieux m'appelle, il y a une nouvelle livraison d'aérofourches alors que le stock est plein et que nous sommes hors saison. J'en parle avec Jean Bernard. Il est conscient d'avoir commis des erreurs de commande, et pas seulement sur les aérofourches. Il me raconte s'être rendu compte qu'il ne parvenait plus à prendre des décisions cohérentes, mais hélas, il ne l'a confié à personne, pas même à moi. Ses salariés me le confirmeront, il était bon vendeur, mais aussi excellent acheteur. Il disait toujours que le commerçant gagnait sa vie à l'achat et non à la vente. Ces derniers temps, il avait fait plusieurs erreurs de quantités et d'achats aberrants de trucs invendables.

Pour faire un peu d'exercice en autonomie, Jean Bernard marche d'un pas rapide sur notre chemin. Mia, la petite mi-lévrier espagnol, mi-on ne sait quoi, de Margot, trotte à deux mètres devant lui. Elle qui d'ordinaire court et saute partout, là, c'est comme si elle se sentait une responsabilité. S'il s'arrête, elle s'arrête, l'attend. Mais je ne peux pas lui faire confiance pour le ramener à la maison. Il veut pourtant y aller seul. J'ai acheté un sifflet, je l'attache à son cou à l'aide d'une cordelette et lui montre comment s'en servir. Il part avec Mia. Au bout d'un moment, trouvant le temps trop long, je me porte à leur rencontre. Quand je le retrouve, il est soulagé. Il me dit avoir soufflé dans le sifflet et que je ne suis pas venue. Il était totalement perdu. Je lui demande de me montrer comment il a fait. Il saisit le fin sifflet qui pend à son cou, souffle à peine avant de le laisser retomber. Quand je tente de lui expliquer que je ne peux pas entendre de si loin un son si faible, il ne comprend pas. Je réalise qu'il ne saisit pas l'idée du son qui voyage. Pour lui, c'était un peu comme un petit objet magique. Il soufflait et j'apparaissais…

Se préparer à la mort

Depuis notre retour du Brésil, je lis tout ce que je peux sur la préparation à la mort, sur le passage… C'est difficile d'en parler avec Jean Bernard, mais nous en parlons. S'il rappelle souvent qu'il n'a pas peur de la mort, il craint la solitude, la séparation et la souffrance. Les enfants et moi lui assurons régulièrement que nous serons toujours à ses côtés, et que nous ferons tout pour qu'il ne souffre pas. La question de la mort n'est pas évacuée de nos échanges. La mort, l'après-vie, sont des sujets passionnants tant qu'on n'y est pas confrontés. Avant, nous l'évoquions avec intérêt, curiosité et une pointe d'excitation. Mais là, elle frappe à la porte. Sidéré, mon cerveau ralentit. Je pèse chaque mot avant de le prononcer. Chaque fois que lui ou moi évoquons l'éventualité de sa mort, je me surprends à vite ajouter qu'il peut aussi guérir… de crainte qu'il n'y entende comme une condamnation. J'ai pourtant enseigné aux soignants l'accompagnement des mourants. J'ai répété avec conviction que lorsqu'une personne dit « Je vais mourir... », il est important de ne pas lui répondre « mais non », pour lui permettre d'exprimer ses craintes et ses espoirs, pour accueillir et accompagner les méandres de sa pensée et de ses sentiments. Mais quand Jean Bernard dit « Je vais mourir... », je me pétrifie à l'intérieur. Envisager sa mort est impossible. Et pourtant, il va le falloir. Je plonge mon regard dans le sien. Je pleure. Parfois, je réussis à prononcer : « C'est une possibilité. Comment tu te sens avec cette idée ? » Et parfois, je dis : « On va tout faire pour que tu guérisses. » Un jour où il est particulièrement désespéré, je lui répète avec conviction : « On n'a pas encore tout essayé, mon amour. C'est vrai, l'Avastin semble ne plus marcher, mais il reste des pistes qu'on n'a pas encore tentées. Je comprends que tu aies peur, mon amour, mais saches que même si tu tombes dans le coma, ce ne sera pas forcément la fin. Je serai là et je ferai tout pour te sortir de là. »

C'était avant la dernière hospitalisation, avant la phase palliative.

Ce soir, Jean Bernard a effroyablement mal à la tête. Est-ce une suite de l'Avastin reçu vendredi ? Est-ce dû à la fatigue de la journée ? Depuis ce matin, le mal de tête venait puis s'en allait. Ce soir, il s'est installé. Le Doliprane restant sans effet, nous passons au Tramadol LP sur les conseils d'un ami médecin. Les douleurs ne respectent pas toujours les horaires des services hospitaliers, et se rendre aux urgences prend du temps et de l'énergie ! Avoir de nombreux amis médecins nous aide énormément. À quand une consultation téléphonique ouverte à tous pour la douleur ?

Malgré ses quatre-vingt-quinze ans, Gérard a fait l'aller-retour depuis Paris avec Carole pour serrer son fils contre lui. Jean Bernard est vraiment content de les voir, il pleure dans leurs bras, de gratitude, mais aussi de désespoir. C'est long cette maladie, c'est si handicapant. Ça ne fait que deux mois et douze jours que nous avons le diagnostic, mais on dirait qu'on est dedans depuis des années. Et Jean Bernard a parfois l'impression que ça ne s'arrêtera jamais... Nous espérons voir les effets positifs de l'Avastin dans les jours qui viennent, mais…

Jean Bernard m'a confié ce qu'il attendait de son père : il a besoin de contact physique. Ça ne fait pas partie du répertoire comportemental spontané de la famille Fried, alors sans attendre, je guide, j'aide le père à se positionner d'un côté du canapé. Et nous allongeons Jean Bernard, la tête posée sur ses genoux. Gérard pose précautionneusement sa main sur les cheveux de son fils. Cet amour que Gérard déploie porte Jean Bernard, nous porte tous.

Depuis la pose de sa chambre implantable, Jean Bernard a une voix bizarrement métallique, surtout quand il est stressé ou fatigué. Nous avions d'abord attribué cette modification à l'opération. Puis, au Brésil, nous avons découvert une petite bosse au bas du sternum, que nous avons suspectée être liée au dispositif... Une fois rentrés, nous en avons fait part à l'infirmière qui nous a détrompés. Non, cette bosse n'avait rien à voir avec le boîtier. Alors Adrien a exploré, découvert des tensions dans les côtes. Il a manipulé son papa et libéré la vertèbre ! La voix de Jean Bernard est redevenue normale. Très efficace le massage thérapeutique australien ! Dommage que nous n'ayons pas eu cette idée plus tôt. Nous avions accepté cette voix étrange comme une conséquence de la maladie avec un peu trop de fatalisme.

Le frigo fuit toujours, un réparateur de Darty est venu. Problème de sonde de dégivrage. Il doit revenir avec la pièce.

Les résultats de l'Avastin se font attendre. Ce matin, la déprime gagne. Jean Bernard se sent toujours aussi confus. Il manque de plus en plus d'équilibre. De passage à Aix, notre amie Marik en profite pour jeter un œil sur les résultats d'analyses du labo. Il a besoin d'un peu de viande rouge pour remonter son hémoglobine. Il avale son steak haché avec gourmandise.

Après le déjeuner, il demande une réunion familiale. Nous nous asseyons en cercle sur son lit. Il nous dit qu'il ne croit plus en la guérison. Il ne supporte plus cette vie et veut mourir. Il n'a pas peur de la mort. Nous sommes suspendus à ses lèvres, nous l'interrogeons, explorons ses motivations à mourir. Il nous confie que c'est surtout… pour nous soulager ! Nous nous insurgeons : vivre avec lui, même dans cet état, n'est pas un poids pour nous. Bien sûr que c'est lourd. Mais ce serait encore plus lourd s'il partait ! Nous sommes tous les quatre partenaires sur ce chemin de guérison. Nous vivons des choses tellement fortes tous ensemble ! Chacun de nous, Margot, Adrien et moi lui soulignons que depuis sa maladie, nous passons des moments intenses et merveilleux avec lui, et en famille. Nous nous sommes découverts être plus qu'une famille, nous sommes une équipe soudée. Chacun a envie d'être là, se sent à sa place et chacun prend soin des autres. Personne ne se sent contraint à quoi que ce soit. C'est important pour chacun de pouvoir être là, de pouvoir agir, participer, être à ses côtés face à cette épreuve phénoménale. Non, cela ne nous pèse pas. Du coup, notre homme a rassemblé ses forces vers la guérison. Notre solidarité est totale. A posteriori, elle m'impressionne.

Nouveaux espoirs, remontées et descentes

Un ami nous parle d'Hulda Clark. Mais oui, on a le VariZapper quelque part dans un placard ! Cette naturopathe canadienne prône l'utilisation d'un petit générateur de fréquences censées tuer des parasites. Ce Zapper avait été envoyé à Vivre-Mieux en test. C'est une approche controversée, mais j'adore tester les trucs étranges et j'avais trouvé que ça me faisait du bien. Plus spectaculaire, une de mes amies l'utilise pour la maladie de Lyme. Sans le Zapper, son bras se bloque ; quand elle se « zappe » régulièrement, les douleurs s'en vont et elle récupère sa mobilité. Jean Bernard est d'accord pour tout ! Je branche l'appareil et je lui donne une goutte de brou de noix que j'avais aussi dans mes placards. Nous commençons (doucement) le nettoyage intestinal préconisé. Au programme, plusieurs zappings par jour et augmentation progressive du brou. Je ne sais pas si ça tue effectivement les parasites comme annoncé, mais pourquoi se priver d'un éventuel effet placebo ? En tout cas, ça ne peut pas faire de mal et ça le dynamise ! On a fait une belle balade en soirée avec les chiens et son équilibre flageolant s'est stabilisé. Au coucher, il a demandé que je le rebranche au VariZapper... J'ai aussi commandé de l'artémisinine, on pourra commencer la semaine prochaine.

16 Août. Jean Bernard a l'impression que sa vue décline. C'est difficile de savoir si c'est vrai. Mais ça le terrifie. C'est vrai que c'est angoissant ! Il se sent si épuisé, si perdu, si démuni. Il pleure chaque fois que quelqu'un vient le voir. Ça lui fait du bien et ça le fatigue... pas simple ! Nous avons tout de même opté pour une courte visite par jour maximum. Ça le distrait un peu et lui permet de sentir combien il est aimé. Il n'a aucune activité à part marcher un peu, les massages de son fils, les câlins avec sa fille, manger, prendre ses médocs et prier un peu... Il passe de longues heures à méditer dans le jardin ou reste simplement assis dans son lit. Il ne peut ni lire, ni regarder la télé, ni écouter de la musique, ni même penser. Ça lui fait mal à la tête. Il demande sans arrêt quand sera son prochain traitement et s'il y a de nouvelles pistes... Demain, nous allons à Aix vérifier sa vue, lui acheter des lunettes plus appropriées et acheter de la terre pour tenter de le mettre à la poterie. Ça, c'est une idée d'Adrien pour l'occuper à quelque chose de créatif, mais pour l'instant, Jean Bernard n'est pas très motivé.

Aujourd'hui, il est plus tendu encore que les jours précédents. Nous parlons ensemble de ses difficultés avec la prière. Il oublie de prier pour guérir. Il commence puis il pense à autre chose. Et surtout, il ne veut évoquer ni dieu ni ange, et change sans cesse d'appellation pour le destinataire de ses prières. Un coup c'est « les forces de l'univers », un coup « les énergies cosmiques »… le plus souvent au pluriel. Il ne veut pas de lumière divine ou de quoi que ce soit de divin. Il ne s'adresse à rien ni personne en particulier. Des pratiquants de son bouddhisme sont venus réciter le mantra dans sa petite salle de pratique, lui restant sur son lit à l'étage. Mais ça lui fait mal à la tête. Il ne veut plus qu'ils viennent.

17 août. Ce matin, il se réveille avec une impression de petites bêtes lui mangeant les jambes, il parle de drôles de piqûres de moustiques qui démangent, venant d'un autre monde. Hier soir, il m'a demandé tranquillement et avec un grand sérieux depuis quand on avait ce genre de toilettes qui s'ouvraient, qui n'existaient pas dans le monde d'avant... Je lui explique que son cerveau lui joue des tours et qu'il tente d'interpréter ce qu'il perçoit sans plus en avoir la possibilité. Mais c'est évidemment très dur pour lui ! Nous n'en avons pas encore discuté avec l'oncologue, mais nous commençons ce matin à mini-dose les noyaux d'amandes d'abricot et reprenons le protocole Schwartz. Je viens de

recevoir l'artémisinine, mais on attend un peu. Pas tout en même temps ! Comme ses analyses sanguines montrent un déficit en B12, Adrien fait un saut à la boucherie bio acheter du foie de veau pour midi. L'après-midi est difficile, nausées, inconfort... mais on fait tout de même une belle balade tous les quatre avec les chiens.

Après le zapping de 18 heures, il se sent extrêmement bien et il a même envie de ressortir marcher. Il a le sourire, ce qui est devenu rare. Ce soir, le guacamole est très citronné, trop acide ! Alors nous testons une baie miracle que je viens de recevoir. Les enfants m'ont fait découvrir l'existence de ce fruit incroyable qui contient une glycoprotéine : la miraculine a pour effet de supprimer les sensations d'acidité et d'amertume des aliments pendant trente à soixante minutes. Je me suis dit que ça pouvait être une bonne idée pour donner à Jean Bernard l'illusion du sucré. L'expérience est spectaculaire, il adore son guacamole sucré.

Le soir, avant de s'endormir, il fait la prière de guérison avec le sourire et me confie se sentir étrangement vide et sans souvenirs, mais plutôt bien.

Alertée par la sœur de Jean Bernard, j'ai mieux regardé les études sur les noyaux d'abricot et, dans le doute, on arrête tout. Carole est très présente pour moi au téléphone depuis le début de la maladie. Médecin, elle suit nos péripéties hospitalières et tente de nous aider au mieux. J'augmente les doses du traitement Schwartz et on attend l'huile de CBD avec impatience. Je ne fais que ça, m'occuper de Jean Bernard et explorer les pistes, mais je n'arrive pas à tout regarder et je perds des infos. On m'a encore parlé d'un nouveau traitement alternatif, je vais étudier la question. Non seulement je dois faire le tri entre trucs fantaisistes et ressources pertinentes, mais m'assurer de leur compatibilité entre elles et avec la chimio.

À l'hôpital, des pastilles de couleur collées sur le sol marquent le chemin vers tel ou tel service. Il suffit de suivre les pastilles. Je me dis que ce serait une bonne idée à la maison pour aider Jean Bernard à trouver les W.C. Je commande des pastilles adhésives rouges et je les colle au sol pour former une piste entre son lit et les toilettes. Puis j'entraîne Jean Bernard. « Voilà, tu suis les pastilles rouges pour trouver les toilettes. Oui ! Elles sont là. Et pour retrouver ton lit, tu suis à nouveau les pastilles rouges. » La première nuit, je n'ai pas à me lever. Mais dès le lendemain, remontant après mon café, je fais toutes les chambres pour finalement trouver mon amoureux dans un lit tout au bout du couloir. Il a bien vu les pastilles, mais… sans se souvenir de leur signification ! En sortant des W.C., il est allé de l'autre côté. Le brouillard dans lequel il vit est difficile à concevoir. Un peu plus tard, il m'appelle, effaré : « Pourquoi avons-nous changé les toilettes ? » Il me soutient qu'elles ont changé de forme et ne sont « pas comme d'habitude ». C'est la seconde fois qu'il voit les W.C. changer de forme. En fait, c'est lui qui n'est plus comme d'habitude. Ses sensations s'altèrent de plus en plus. Une fois calmé, je dois l'aider à s'y asseoir. Il ne voit plus sur les côtés et comme le gliome s'étend sur la droite, tout ce qu'il a sur sa gauche devient peu à peu invisible. Et puis, il est probable que l'œdème ou le gliome envahit des zones cérébrales responsables de la perception des formes. Nous avons de la chance que ce ne soient pas nos visages qui se déforment.

20 août. Jean Bernard est de plus en plus épuisé. Ce matin, courte promenade, puis petit-déjeuner, visite d'un ami et dodo jusqu'au déjeuner. À peine son repas avalé, il répète : « Où est-ce que je peux m'allonger un petit peu ? » Nous le menons à son lit et redodo jusqu'à 15 h 30. Là, je le branche au neuroptimal. Depuis hier, sa jambe droite tremble. J'ai eu l'hôpital. Je craignais que sa faiblesse musculaire ne soit liée au manque de mouvement, mais au téléphone, le médecin me dit que c'est plus probablement l'œuvre de la maladie, ainsi que les tremblements. Il est inutile de le stimuler. Ces symptômes montrent hélas que la chimio ne fonctionne pas. J'ai mal. Pendant qu'il dort, je fouille internet. Espoir, je trouve de nouveaux produits, de nouvelles pistes à explorer. Est-ce que j'en fais trop ? Certains me le suggèrent. Dans l'espoir de me tempérer, un ami

me propose de me tirer un *Yi Jing*. Il comptait sur la sagesse ancestrale chinoise pour m'aider à relativiser. Mal lui en a pris, le *Livre des Transformations* a répondu que ce n'était pas le moment de me reposer, mais d'agir et de chercher encore ! De toute façon, rien ne m'aurait fait ralentir. Margot, qui épluche comme moi internet, a trouvé que la berbérine pourrait se montrer efficace. Elle en commande. Il y a aussi la piste des extraits de champignons. On a reçu l'huile de CBD. Je lui en donne une goutte ce jour. J'y vais tout doux ! Pas de nausée aujourd'hui. Demain nous avons rendez-vous avec une psy qui annonce, sur son site, avoir développé une technique de guérison novatrice avec un physicien. Elle est à cinq minutes de chez nous. Pourquoi pas ?

21 août. Ce matin, Jean Bernard est au plus mal. Il est tellement faible et désirant tout le temps dormir que nous évoquons une déshydratation, comme au Brésil. Mais notre infirmière est venue prendre les paramètres tension, saturation, etc. Tout va bien ! Panique injustifiée. Il a maigri, certes, mais il n'est pas déshydraté. À peine l'infirmière partie, un ami nous appelle pour nous dire qu'il a parlé de Jean Bernard au directeur de recherche de l'Oncopole de Toulouse. Très impressionné par le tableau des traitements que j'avais dressé, le grand professeur a promis par amitié de revenir vers nous d'ici deux jours.

Oups, il est déjà presque 17 heures, on a rendez-vous chez la psy… Une heure trente passionnante ! Nous sommes séduits. Nous, c'est Adrien, Jean Bernard et moi. Margot n'a pas désiré venir. Très douce, la femme nous a présenté sa méthode. Avec son associé physicien et chercheur scientifique, ils ont mis au point un appareil entourant le patient de vibrations de hautes fréquences. Bon, à expliquer en quelques mots, ça ne donne pas grand-chose. Elle est confiante dans la guérison de Jean Bernard, elle en a déjà vu pour des cas plus sévères encore. Jean Bernard est plein d'espoir et très motivé. Je vais aussi m'occuper plus de moi. Je réalise mon niveau de stress et comment cela risque d'impacter ma propre santé. Je vois un médecin demain matin.

La prune dans l'arbre

Adrien et Margot entreprennent un tour de jardin avec leur père, le soutenant de chaque côté. Un an après la mort de Jean Bernard, Margot me relatera comment cette balade a changé son regard sur son frère. Soudain, Adrien a lâché son papa pour regarder les arbres. Margot a poursuivi sa route en grommelant intérieurement contre lui : « Il est encore distrait, forcément je dois encore tout faire toute seule, mais qu'est-ce qu'il fiche à rêver, il ne se rend pas compte qu'on a besoin de lui ? Il m'énerve. » Elle avait presque achevé le tour du jardin quand Adrien les a rejoints comme si de rien n'était, gai et innocent. « Je l'ai fusillé du regard, me dira Margot. Mais Adrien a brandi une petite prune dénichée dans le fameux arbre. Il ne l'avait pas mangée pour l'offrir à son père qui l'a dégustée avec joie et en a pleuré de plaisir. On était si émus tous les trois ! Ça m'a bouleversée. Moi, en fille responsable, bon petit soldat, j'avais achevé le tour du jardin de manière plus efficace que lui, mais jamais je ne me serais arrêtée pour regarder l'arbre qui d'ailleurs, dénué de feuilles, me semblait mort. J'étais bien trop concentrée sur ma mission. C'est à ce moment-là que j'ai compris que la personnalité rêveuse et libre d'Adrien, plus concentrée sur l'expérience que sur l'efficacité, qui depuis toute petite me rendait folle et m'énervait au plus haut point, avait finalement quelque chose à m'apprendre. Mon efficacité n'avait pas fait pleurer papa de bonheur, la prune d'Adrien, si. »

Notre quotidien est plein de leçons de vie. Aujourd'hui, c'est : « Quand on cherche à faire toujours tout parfaitement, on ne remarque pas les prunes dans les arbres. »

En corrigeant le manuscrit de ce livre, Margot me confie : « Ce moment m'a profondément marqué. Depuis, je m'énerve nettement moins contre Adrien. Chaque fois que nous risquons d'être en retard car il est occupé à faire autre chose que se préparer, je me remémore cette petite prune et je m'autorise à respirer et à regarder autour de moi. »

La dégringolade

22 août. Nous recevons le mail du professeur de Toulouse. Il n'est guère optimiste. Au vu de la taille de la tumeur, non seulement il confirme qu'il n'y a pas de radiothérapie possible, mais il pense que les différentes chimiothérapies ne seront pas très efficaces. Il a passé en revue tout mon tableau. La solution Optune lui semble être une bonne option, compatible avec ses traitements actuels. Cette technique ralentirait la prolifération sans éradiquer la tumeur, cependant, cela permettrait de gagner du temps pour tenter les virus oncolytique du protocole Oncovirac, si toutefois il était incluable. Je suis touchée que cet homme ait pris du temps pour nous aider, touchée aussi de cette solidarité de nos amis qui mobilisent tous les grands professeurs autour de Jean Bernard. Je tente de prendre rendez-vous avec le service de neuro-oncologie de Lyon où est développé le protocole champ électrique Optune. Il

faut un courrier de notre oncologue de la Timone. Je vais en parler avec elle, mais je sais confusément qu'il est trop tard.

23 août. Journée difficile, beaucoup de nausées, de malaises... Jean Bernard est de plus en plus instable. Il faut le soutenir pour marcher. Il titube. Avec son assiette encore bien pleine devant lui, il demande : « Il y aurait encore quelque chose que je pourrais manger ? » Il ne voit ni le poulet ni les légumes.

Le réparateur de Darty passe avec la pièce qui lui manquait.

24 août. Jean Bernard espérait sortir miraculeusement guéri de son premier traitement de psyquantique. Déçu et furieux de ne rien avoir senti, il a l'impression de s'être fait avoir une fois de plus. Il faut dire qu'elle ne nous a pas montré son appareil de hautes fréquences et le soin a consisté à se relaxer avec de la musique douce pendant qu'elle envoyait de l'énergie. Il n'a rien senti du tout ; moi, guère plus... Bon. Une bonne relaxation, c'est toujours bénéfique. Je reprendrai régulièrement des séances, qui me feront beaucoup de bien, par téléphone jusqu'à la mort de Jean Bernard, car nous ne pourrons plus nous déplacer.

Jean Bernard n'en peut plus d'être dans le noir, nauséeux, déséquilibré, dépendant. Il me dit d'un ton comme s'il hésitait à déranger : « J'ai un peu faim, mais je ne peux pas me nourrir seul. » Son corps est devenu tout rigide et il tangue. Sa voix est redevenue un peu mécanique. J'ai lu que ce pouvaient être aussi des conséquences de l'Avastin. Les enfants et moi sommes de plus en plus tentés d'arrêter la chimio. Décision lundi avec l'oncologue.

Plusieurs amis nous ont conseillé le cannabis. Le témoignage de Marie, surtout, nous a convaincus. Atteinte d'un cancer du sein, elle souffrait de terribles effets secondaires de la chimio qui la terrassaient et que rien ne parvenait à soulager. Dès qu'elle avait commencé à fumer, plus aucune nausée et une baisse très nette des douleurs et des sensations de picotements. Le cannabis lui avait redonné espoir et lui avait permis de supporter les traitements jusqu'à la guérison. Avec le CBD, j'avais aussi commandé un peu de cannabis médical bio et un appareil pour le vapoter sans tabac. Ce soir, tentative de vapotage dans le jardin. Je n'ai pas fumé de cannabis depuis mon adolescence et ça ne m'a pas laissé de bons souvenirs. Je préfère m'abstenir. Je laisse les enfants avec leur père. Le maniement du vapoteur est plus complexe que prévu, les enfants et leurs conjoints tentent de faire fumer leur père à l'ancienne. Ils rient comme des fous.

C'est surréel, pas du tout le genre de Jean Bernard, qui n'a jamais fumé de cannabis de sa vie. Il n'arrive même pas à comprendre comment on fume. Le THC relaxe, mais Jean Bernard ne comprend pas ses sensations. « Je me sens tout bizarre, ça flotte, je vais vomir, où est-ce que je peux vomir ? Il y a une bassine ? » Ils lui rapprochent sa bassine. Comme il est tout désorienté, Adrien le ramène dans la maison et l'allonge sur le ventre sur sa table de massage. Jean Bernard pousse immédiatement des soupirs d'aise. Petite surprise, après une dizaine de minutes de massage, il vomit un tout petit crachat dans cette bassine qu'il tenait à avoir toujours à ses côtés bien qu'elle reste systématiquement vide. Depuis le temps qu'il disait « J'ai envie de vomir mais j'y arrive pas » ! Quelque chose sortait pour la première fois. Après le massage, il est en forme et n'a plus du tout mal à la tête. Un doux moment de belle connexion entre Jean Bernard et son fils.

25 août. Jean Bernard a nettement moins de nausées aujourd'hui. Effet de la séance d'ostéo qu'une amie a eu la générosité de venir lui donner à midi ? Nos experts-comptables depuis près de vingt ans, et désormais amis, sont de passage dans notre région. Ils déjeunent avec nous, Jean Bernard est content. Les salariés n'ont pas désiré reprendre la société. Et puis, s'ils tiennent bien la barre depuis le début de la maladie, un ami expérimenté nous a souligné que donner un bateau à un équipage, aussi compétent soit-il, sans capitaine… c'est risqué. Nous avons abandonné l'idée de vente à des investisseurs,

le processus aurait été long et douloureux, les acheteurs risquant de chercher ce qui ne va pas pour faire baisser le prix… Dur à vivre pour quelqu'un qui est fier de ce qu'il a construit. Ça n'aurait pas valu l'argent que ça aurait rapporté. La décision est prise, Jean Bernard confie la gérance de Vivre-Mieux à son ami, Christian.

En fin d'après-midi, Olivier arrive. Excellent homéopathe uniciste et féru de symbolique, notre ami est venu passer un peu de temps avec nous. Il en profite pour soigner toute la famille, chacun a droit à son ordonnance d'homéopathie. Il prend une belle photo de Margot et Jean Bernard : lui a les yeux fermés, comme la majeure partie du temps désormais. La tête posée sur son épaule, elle lui parle de ses recherches de traitements. Elle évoque sa tristesse, ses peurs. Il lui glisse : « La maladie, c'est ma bataille et je suis un battant. Toi ta bataille, c'est d'avoir un papa qui a un cancer. » Même lorsqu'il va mal, il prend soin de sa fille.

26 août. Charlotte vient nous voir, accompagnée de sa sœur, Héloïse. Jean Bernard est à table avec nous. Il se plaint des plats sans goût, mais parle avec Héloïse de son chemin dans la maladie, d'amour et de gratitude. Après le repas, je l'aide à remonter se reposer. Je reste à ses côtés, et c'est bientôt l'heure de la piqûre. Depuis que nous sommes rentrés, j'ai délégué de nouveau l'injection quotidienne aux

infirmières. Ce n'est pas parce que je sais désormais la faire que je dois la faire chaque jour. Après le passage d'Hélène, Jean Bernard me dit son ras-le-bol des piqûres, sa lassitude. Puis, quand j'avise que le niveau de son verre d'eau n'a pas descendu d'un millimètre depuis ce matin, je lui propose de boire. Comme il refuse, j'insiste. « C'est important que tu boives, mon amour. » Et là, il éclate. Il en a marre aussi de toute cette pression que je mets sur lui pour qu'il boive. Il me dit tout ce qu'il a sur le cœur. Il a tout le temps le sentiment que ce n'est jamais assez, qu'il ne fait pas bien, qu'il est coupable et que, de toute façon, malgré tout ce qu'il fait, rien ne le fait aller mieux. Il veut mourir. Adrien arrive, l'écoute, lui parle. Nous nous engageons à ne plus faire de remarque et lui à boire de son propre chef.

Maintenant, il a faim, il veut manger quelque chose. Je descends à la cuisine lui préparer de l'aïoli... Je pleure dans les bras d'Adrien, et avec le bruit du mixeur, je n'entends pas Jean Bernard m'appeler. Heureusement, Charlotte prête l'oreille et court à l'étage. Elle le trouve terrifié et secoué de spasmes : « Je suis aveugle, on m'a laissé tout seul, je ne vois rien… » Elle tente de lui parler, mais il est si perturbé que les mots ne fonctionnent pas. Elle l'entoure de ses bras et finit par s'allonger presque sur lui pour le calmer tout en m'appelant. Je grimpe à l'étage quatre à quatre pour le trouver encore tremblant et absolument paniqué dans les bras de Charlotte. Tout de suite ma présence le rassure. « Isabelle… » Il pleure de soulagement. Je ne m'étais absentée que quelques minutes, mais sans mémoire, il est dans l'instant éternel. Il n'a plus de moyens de mesurer le temps… Il s'est senti abandonné, seul au monde. Il hoquette et répète en boucle : « Je criais, personne ne venait. » C'est difficile pour nous de réaliser le désert dans lequel il peut être, enfermé dans cet espace étrange où il ne peut ni se repérer ni se rassurer en se disant que je vais revenir. Il répète comme un enfant répète ce qui est difficile à intégrer : « J'appelais et il n'y avait personne. » Il est vraiment terrifié et met du temps à se remettre.

Au bout d'un moment, il m'explique qu'il a eu d'autant plus peur qu'il se souvenait vaguement qu'il avait exprimé de la colère (un peu) à mon égard... suite à quoi, j'avais disparu. Il craignait de m'avoir fait disparaître, que je ne sois fâchée contre lui et n'aie décidé de ne plus m'occuper de lui. Je reste à le câliner, terrorisée moi aussi par ce que je perçois de ce qui se passe dans sa tête. Charlotte apporte l'aïoli avec un œuf dur, je l'aide à manger. Puis Adrien lui fait un massage. De ce jour, nous avons été attentifs à ce qu'il y ait toujours quelqu'un avec lui ou au moins à portée de voix. Dîner gambas, cœurs d'artichaut et épinards. Hélas, la nausée revient en force après le repas, accompagnant d'intenses vertiges. Sa vie est vraiment difficile. Faut-il continuer ou non les traitements ?

27 août. Quand nous arrivons dans le service, Jean Bernard est tout de suite placé sur un lit pour attendre la consultation. Je m'éclipse pour téléphoner. Je ne veux pas y croire, mais j'éprouve comme une urgence à trouver une place dans une tombe. Une mort proche n'est pas à écarter et il faut que nous puissions l'enterrer. Un impératif intérieur me guide : retrouver la concession dans cette zone ancienne et si belle du Père-Lachaise. Je n'en ai encore parlé à personne. Comment évoquer des funérailles alors que nous nous battons pour sa guérison ? J'appelle ma cousine. Elle doit savoir où sont les tombes et s'il est possible d'y inhumer un jour mon amoureux. Elle répond à mon appel, mais quand je lui présente ma requête, elle tombe des nues. Non, elle ne connaît pas ces sépultures. Elle est contente de pouvoir faire quelque chose pour moi, pour nous, elle va se renseigner.

Je retourne dans la chambre auprès de Jean Bernard, Adrien et Margot. L'oncologue arrive. Elle est empathique mais parle sans détour. C'est net, la maladie progresse. Il n'est pas question de lui infliger de nouvelles chimiothérapies tant qu'on n'a pas vu plus précisément ce qui se passe. Scanner ce jour en urgence, et elle l'hospitalise pour avoir une IRM le plus rapidement possible, nous discuterons des options ensuite. Nous sommes soulagés, nous n'avons pas à batailler pour stopper les traitements. C'est un moment effroyable, paradoxal, étrange, celui où on arrête de soigner pour qu'il se sente mieux. Jean Bernard est placé sous perfusion de cortisone. Cette fois, nous nous étions préparés à une hospitalisation. Ses affaires sont dans la voiture, j'ai aussi prévu une petite valise pour moi, au cas où. Nous aurons la chambre cet après-midi, je verrai en fonction de la tolérance du service si je peux rester dormir avec lui. Dur de le laisser seul alors que je sais qu'il oublie où il est et panique quand je ne suis pas là.

Tatiana passe nous voir. Elle est très souriante et parle avec Jean Bernard d'une voix douce. Nous savons que Jean Bernard est hospitalisé jusqu'à vendredi. Avec une grande générosité, elle me propose son appartement, à deux minutes à pied de l'hôpital. Je pourrais y aller cuisiner, prendre une douche et y dormir si on ne me laisse pas rester avec mon homme. Elle est vraiment adorable. Margot m'accompagne chez elle pour installer mes bagages pendant qu'Adrien reste avec son papa. Je n'en reviens toujours pas de la synchronie de cette rencontre dans les escaliers de la Timone. Quelle chance ! Elle aura été un ange efficace, présente au moment juste.

Adrien et son père sont l'un contre l'autre, en silence, en communion. Le téléphone sonne. Adrien hésite à répondre puis prend l'appel. C'est un fournisseur de Vivre-Mieux. Il est atterré quand Adrien lui dit que Jean Bernard Fried est hospitalisé. Il parle à Adrien de leur relation bien plus que professionnelle. Il exprime l'affection qu'il a pour son père. Nous le savons, mais l'importance que revêt Jean Bernard pour les gens autour de lui nous surprend chaque fois. Il tissait des liens profonds avec chacune des personnes avec lesquelles il était amené à travailler régulièrement. Certains de ses fournisseurs étaient devenus des amis, d'autres non, mais presque tous percevaient une relation privilégiée. Après cet appel, Jean Bernard a encouragé son fils à aller vers les gens sans peur. Il a parlé de sa vie, de ses relations avec les autres, et l'a invité à se forger sa propre histoire… Adrien se souvient d'une anecdote racontée par son père. Un ou deux ans auparavant, il était assis dans l'avion à côté d'un homme qui n'avait pas de mémoire à court terme. Sa femme l'attendait à l'arrivée, mais sans Jean Bernard, il aurait laissé sa valise dans l'avion. Ils avaient bien connecté mais ne se sont finalement pas revus. Ça fait un petit pincement de réaliser que son papa a maintenant ce même symptôme.

On nous annonce que c'est l'heure de l'IRM… mais le brancardier tarde. Attente. Quand il arrive, hop, sur le fauteuil roulant et on y va. Adrien et Margot vont avec eux en mémorisant les repères pour le retour. Cet hôpital est un sacré dédale. De mon côté, je vais chercher les étiquettes au guichet dans le hall. Il y a vingt personnes devant moi ! Attente. Bon, finalement c'est assez rapide, vingt minutes plus tard, je peux les rejoindre avec les précieuses étiquettes que je vais remettre aux soignants et qu'ils apposeront sur la pochette de l'IRM. Je me demande comment font les gens hospitalisés qui n'ont pas leur famille avec eux. Margot m'a envoyé un SMS : « Nous sommes au scanner 4, suivre les points blancs. » Je trouve et suis lesdits points blancs. Quand j'arrive, nous sommes introduits dans un grand box sans fenêtre. Encore un peu d'attente. Mais nous sommes ensemble.

Ça y est, ils viennent chercher Jean Bernard. Adrien, Margot et moi restons consignés dans le box. Après l'IRM, ils nous restituent notre homme, le brancardier est prévenu, il doit arriver. Attente. Nous nous calons dans un renfoncement face à la porte de l'imagerie. Le brancardier n'arrive pas. Jean Bernard a froid, nous le couvrons comme nous pouvons. Attente. Quand une porte s'ouvre et que nous pouvons parler à un humain dans cet espace désert, nous proposons de remonter notre malade nous-mêmes. Ça nous paraît simple de rouler Jean Bernard jusqu'à sa chambre puis de redescendre le fauteuil. Mais non, ils disent que c'est impossible, c'est la procédure, et puis le fauteuil roulant ne doit pas sortir de la zone, c'est celui du service. Nous attendons encore… Nous lui faisons des massages. Il est assis, mais pour nous, pas de siège. Pas grave, nous aimons bouger. Attente. Quand un infirmier passe, il s'étonne : « Vous êtes encore là ? » Oui ! Et ce n'est pas faute d'être revenus à la charge pour proposer de le remonter nous-mêmes. Il se renseigne… Procédure… Pas de brancardier disponible pour l'instant. Il faut attendre encore deux heures ! Nous avons promis juré de leur rapporter le fauteuil roulant et embarqué notre Jean Bernard. Le chemin a été ponctué de fous rires… Nous ne pouvions pas emprunter les ascenseurs des brancardiers, mais les ascenseurs du public nous ont montés au douzième. Dès que nous avons réinstallé Jean Bernard sur son lit, Adrien a rapporté le fauteuil roulant au service d'IRM. Opération réussie. Mais si nous n'avions pas été là ? Nous ne voulons même pas imaginer ce qu'il aurait vécu, avec sa désorientation et son peu de capacité à comprendre son environnement, seul pendant ces longues heures d'attente gelant sur un fauteuil.

Ouf, le second lit dans la chambre de Jean Bernard est libre cette nuit. Je peux rester. Le soir, les visites se terminent à 20 heures. Adrien et Margot sont descendus acheter à manger. Je leur écris un SMS : « Prenez à manger pour moi. Il est terrifié à l'idée de rester seul. » Ils prennent des sushis pour nous et pour eux. Margot achète du gel douche, il n'y a pas de savon à l'hôpital. Sur le moment, elle ne prête pas attention au nom. Plus tard, elle sera si furieuse de découvrir la tromperie sur la marchandise qu'elle voudra leur rendre leur shampoing. Il s'appelait « vivifiant », mais n'a pas du tout vivifié son papa qui est quand même mort.

Les enfants sont repartis, nous dégustons nos sushis avec plaisir. Nous parlons un peu. Une fois endormi, il ne se réveille qu'une fois, remerciant et demandant si je suis d'accord avec lui pour accepter la maladie… Dans son demi-rêve, on lui disait qu'il y aurait eu une possibilité de la refuser… Puis il demande : « Qui est là ? » Il n'y avait personne d'autre que moi. Je lui demande s'il voit quelqu'un. Il ne me répond pas mais me dit : « Elle m'offre le miracle de la guérison. » Il a ensuite dit qu'il ne voulait plus être « le meilleur », mais « devenir meilleur ». Il s'est rendormi en paix, plein d'amour et de gratitude.

Le matin, je suis là à son réveil pour qu'il n'ait pas peur, pour lui parler, pour le soutenir et le guider jusqu'aux toilettes. Il boit le jus de coco que Margot lui a laissé. Il adore. Je lui lis les messages postés par ses amis sur le groupe Facebook. Il me dicte une réponse : « Merci, grâce à vos messages, je sens l'énergie de la vie. Ça me met en connexion avec l'amour, avec tous mes amis. Je sais que je ne suis pas tout seul. Je ne suis pas perdu. Je me sens alimenté par vos messages. C'est aussi bon que des tartines au chocolat. » La comparaison me fait sourire. On parle. On pleure. On s'aime. Margot m'appelle, elle prépare notre déjeuner. Elle hésite à prendre du pain pour Jean Bernard. Nous n'en avons pas encore discuté en famille. Je lui dis que pour moi maintenant, il s'agit de lui faire plaisir.

Peu après, les enfants arrivent avec haricots verts, courgettes sauce sésame, algues nori et noix de Saint-Jacques, yaourts coco. Sans oublier une tablette du chocolat Capuccino que Jean Bernard aime tant. Margot a pris du pain et le dépose avec tendresse sur la table de chevet pour le petit-déjeuner de demain matin. Pour notre dîner de ce soir, nous pourrons déguster un plat d'agneau qu'elle a sorti du congélateur et des fraises.

Notre oncologue entre. De sa voix tranquille, elle nous donne les résultats du scanner : la lésion s'est étendue. Elle ne mâche pas ses mots, mais elle les prononce d'une voix rassurante et empathique. La maladie est fulgurante. L'œdème est important et les compressions des ventricules expliquent la désorientation et les pertes d'équilibre. Un EEG va permettre de voir si les tremblements ponctuels sont de l'épilepsie. Elle explique à Jean Bernard qu'on va continuer les perfusions de cortisone pour réduire l'œdème et lui redonner de l'énergie. Selon sa réaction, on lui fera ou non une nouvelle chimio de confort. On stoppe bien sûr tout traitement agressif, inutile de le faire souffrir. Une ou deux injections d'Avastin seront nécessaires, car on ne peut l'interrompre brutalement sans risquer un effet rebond. Jean Bernard lui exprime sa gratitude. Elle prend congé de son patient et nous signale discrètement de la suivre dans le couloir. Elle n'est pas certaine que lui veuille savoir. Dans la chambre, elle arborait un air rassurant « tout va bien, on va prendre soin de vous ». Mais dans le couloir, ses grands yeux bruns expriment la consternation. Elle nous confie qu'ils sont ahuris qu'il puisse encore parler et marcher. Il n'y a presque plus de cerveau sous son crâne. C'est un miracle qu'il soit si cohérent. Mais ça ne va pas durer. Elle se montre très claire : il ne récupérera pas. Accompagnée de son interne, elle tient son dossier jaune à la main et nous regarde, désolée. « Nous passons désormais en soins palliatifs. » Margot a une furieuse envie de démolir ce dossier jaune, d'en réécrire les conclusions... Pour ne pas s'écrouler, elle s'accroche à la rampe qui court le long du mur. C'est sûr que dans ce service il fallait pouvoir s'accrocher !

L'oncologue nous demande si nous désirons une place dans un centre de soins palliatifs. Nous n'avons pas besoin de nous concerter, nous sommes catégoriques : nous l'accompagnerons bien mieux à la maison. Nous avons trois ou quatre jours à l'hôpital devant nous. Il aura une injection d'Avastin vendredi juste avant sa sortie. En attendant, notre homme est impressionnant de conscience et de sagesse. Un nouvel interne entre dans la chambre et ouvre des yeux ahuris : au vu du scan en réunion de staff, il s'attendait à voir un légume. Pouvoir converser comme il le fait avec le patient défie à ses yeux la science et l'entendement.

Margot et Adrien rentrent à Aix, sonnés. Margot a le sentiment que son cerveau s'est arrêté. Nous venons de vivre le moment tant redouté depuis le début, depuis les premières images de la lésion en mai. Trois mois plus tard, seulement trois petits mois, il nous faut déjà abandonner tout espoir.

Quand je suis seule avec Jean Bernard, nous parlons avec une grande authenticité de ce qui l'attend. Il a compris que la médecine ne peut plus rien pour lui, sauf lui assurer le maximum de confort. Les mots qu'il me dicte à destination de ses amis sur le Facebook résument nos échanges de ce soir-là :

« Je me sens comblé en tant qu'homme.

J'ai déjà tellement reçu dans cette vie, plus que tant de gens

Je continue à recevoir tellement de preuves d'affection.

Je mesure ma chance.

J'ai eu une belle vie.

Je me sens comblé.

La mort ne me fait pas peur, je suis tellement entouré d'amour.

Je reçois tellement.

La mort me fait moins peur que de rester invalide, de rester handicapé.

Je me sens entouré, très protégé. »

Et puis il y a cette terrible nuit du 28 août. Ils ne m'autorisent pas à rester. Le lit à côté de celui de Jean Bernard est occupé. Son compagnon de chambre est un jeune homme adorable se prénommant Jean-André. Je suis inquiète à l'idée de laisser Jean Bernard pour la nuit. Comment fera-t-il pour aller aux toilettes ? Il oublie tout au fur et à mesure. Il ne saura pas trouver la sonnette pour appeler, il ne pensera même pas à chercher une sonnette. Jean-André m'assure qu'il sera là et l'aidera. Je lui laisse mon numéro de téléphone et après avoir discuté avec les infirmières, je pars chez Tatiana.

Mon téléphone sonne. Un de nos amis, dînant avec un guérisseur très connu, m'annonce que ce dernier a capté Jean Bernard à distance et dit qu'il va s'en sortir ! Il me passe le gars qui me raconte que mon amoureux est au bout d'un processus qui va s'inverser. Les tissus seraient déjà en train de se reconstruire. Il va avoir comme un électrochoc et la maladie va commencer à se résorber. Il va sortir de l'hôpital, puis ça va durer assez longtemps, mais il guérira. Je ne parviens pas à croire ce guérisseur. J'écoute, ne serait-ce que par amitié pour mon ami. Mais j'ai du mal à prêter foi à une « consultation » à la volée au cours d'un dîner. Je me dis que tout le monde a du mal à accepter la mort. Je laisse une petite partie de moi continuer de croire au miracle, mais je regarde le plan du cimetière sur Google Map pour repérer la zone où se situe la concession que je cherche. Je me trompe peut-être, mais je crois que notre tombe est proche de celle de Jim Morrison. Ça pourrait être chemin de la Bedoyère, des Acacias ou chemin Serré… Je regrette de ne pas avoir poussé jusque-là lors de l'enterrement de Georges. Je me souviens de deux pierres tombales côte à côte, toutes simples. Chez moi, je dois avoir les noms des personnes enterrées sur l'arbre généalogique. J'appelle les enfants pour qu'ils m'apportent demain le dossier dans lequel je pense trouver toutes ces informations.

À 23 heures, Jean-André me téléphone. Jean Bernard me réclame, il panique avec le truc qu'il a sur le pénis. Zut ! Ils lui ont posé l'étui pénien après mon départ. Pour lui éviter d'avoir à se lever pour aller aux toilettes, les infirmières lui ont posé un pénis-flow. Je tente d'expliquer à mon amoureux ce que c'est et je parviens à le calmer. Mais Jean-André me rappelle peu après : il ne s'en sort pas. Je lui ai alors conseillé de faire venir l'infirmière pour lui faire ôter ce dispositif impossible à comprendre pour Jean Bernard.

Quand j'arrive dans la chambre le lendemain avec le petit-déjeuner, Jean-André me raconte que la nuit a été vraiment dure. Il ne m'a pas rappelée parce qu'il avait compris que ce serait toutes les dix minutes. Une infirmière avait fini par venir pour lui retirer le dispositif pénien, mais lui avait fait mal en tirant les poils. Il avait hurlé, fait des cauchemars. Jean Bernard pleurait, Jean-André sonnait… Les infirmières ne venaient pas, il avait dû sortir dans le couloir pour en trouver une... Il s'était levé plusieurs fois pour accompagner Jean Bernard aux toilettes. « À 6 heures, quand on est venu me chercher pour ma ponction, j'avais 18 de tension », me dit-il, éprouvé. Dire que les médecins lui avaient refusé qu'il dorme à l'hôtel avec ses parents pour qu'il se repose mieux avant l'intervention !

Jean Bernard me raconte ses cauchemars de la nuit : on le torturait, on lui arrachait le pénis... Il raconte, raconte pour tenter de mettre du sens. Il n'avait rien compris à ce qui se passait. Nous avons pleuré tous les deux. Que c'est dur de voir souffrir mon aimé. J'éprouve une immense gratitude envers Jean-André qui l'a protégé au péril de sa propre santé. Quel ange l'a placé là ? Jean-André n'est pas un prénom courant. Je ne réaliserai que bien plus tard la synchronicité.

Margot m'appelle. Elle est assez perturbée par le rêve qu'elle a fait cette nuit. Elle me raconte qu'un homme se faisait arracher son pénis ! Lequel était mis en morceaux puis à la poubelle. Après cela, l'homme avait demandé à Margot de recoller les bouts ! Je n'en reviens pas. Difficile de ne pas croire à une communication d'inconscient à inconscient. Margot est stupéfaite quand je lui narre la nuit de son père. Je tombe un peu plus de ma chaise quand Adrien m'apprend que de son côté, il a pris ce matin contact avec une docteure en médecine chinoise. Il me dit incidemment son prénom : Isis ! Je tique et le fais répéter. Isis ? Oui, Isis ! Le prénom de la déesse qui a recollé le pénis d'Osiris ! Nous sommes impressionnés par la synchronicité. Quelle charade – ou rébus – le monde de l'au-delà nous propose-t-il ? Que devons-nous comprendre ? Pour l'heure, nous mesurons combien nous sommes synchronisés les uns aux autres et combien nous vivons l'expérience ensemble.

Les infirmières n'avaient pas mesuré le déficit cognitif de leur patient. Nous étions pourtant dans un service de neuro, il n'était probablement pas le seul à ne plus être capable d'intégrer ce qu'on lui disait. Il faut dire qu'il était si agréable avec tout le monde, si gentil et attentif à autrui, quand on parlait avec lui, il semblait presque normal. Mais il n'avait jamais vu de pénis-flow de sa vie. L'idée même lui était inconnue, comme à moi d'ailleurs ! Il s'agit d'un étui pénien qui recueille l'urine. Pour comprendre ce que faisait cet objet au bout de son pénis, il aurait fallu beaucoup de pédagogie et de temps pour répéter. J'imagine que l'infirmière lui a expliqué l'objet en le lui mettant, mais il aurait surtout fallu que je puisse rester auprès de lui pour lui rappeler ce dont il s'agissait chaque fois qu'il le demandait. Il faut réaliser ce que c'est que de ne pas se souvenir d'une minute sur l'autre. Du coup, le service accepte l'idée que je reste dormir au côté de Jean Bernard et ils nous trouvent une chambre individuelle. Un mal pour un bien.

Nous déménageons. Le lit de Jean Bernard est roulé jusqu'à la nouvelle chambre sans qu'il ait besoin de le quitter. Pour moi, ils disposent un matelas par terre. Ils me donneront des draps plus tard. Les enfants, prévenus, vont m'apporter oreillers et couvertures supplémentaires… Ils nous préparent à déjeuner, nous mangerons tous ensemble shirataki, cèpes, morilles et champignons de Paris avec des épinards. Je demande à Margot de ne pas oublier les yaourts coco, Jean Bernard m'en demande toutes les trois minutes.

Après ce repas pique-nique autour du lit d'hôpital, Adrien m'accompagne pour aller chercher ma valise à l'appartement de Tatiana. Margot bénéficie d'un moment tendre avec son papa… Elle s'est allongée auprès de lui. Il allait bientôt la quitter, elle avait envie d'être toute proche. Son papa avait les yeux clos, mais il était incroyablement clair. Il lui a parlé du sens de la vie, il lui a dit son amour, son admiration pour elle, sa confiance dans ses choix. Il disait toujours que le bon choix est là où on a les pieds. Ils ont parlé de sa mort. Elle a partagé sa peur, dit qu'elle n'était pas prête à abandonner, qu'il y avait encore des traitements, comme la Berbérine par exemple. Mais elle se sentait coupable de risquer de le faire souffrir, vomir étant un des effets secondaires de ce produit. Il lui a répondu que ça ne le dérangerait pas de vomir, il y était prêt. Il ne fallait pas qu'elle regrette quoi que ce soit ou se sente coupable. Il fallait tout faire. Il voulait bien tout essayer pour Margot.

Margot a ce jour-là la conversation qu'elle aurait regretté de ne pas avoir eue. En commençant à parler, elle a hésité à se lever pour attraper son téléphone et enregistrer, pour pouvoir se remémorer tous ces mots qu'il allait lui dire, qu'il n'allait plus jamais lui dire, puis elle a décidé de vivre le moment présent. Absorber chaque goutte, chaque instant. Trois ans plus tard, elle n'a pas de souvenir de tout ce qu'il a dit, mais elle conserve celui de la sensation dans son cœur.

C'est bon que chacun ait pu avoir ces moments d'intimité, seul à seul avec Jean Bernard.

Tatiana repasse. Il sourit. Il la remercie. Elle n'est pas une inconnue et sa douceur, son empathie, sa voix incroyablement enveloppante lui font du bien.

Charlotte m'avait raconté que, grâce à un astrologue védique, elle percevait mieux le sens du déroulement de sa vie. J'envoie une demande de consultation en urgence par email. L'astrologue n'a pas l'habitude de ce type de requête, mais a la gentillesse d'y répondre. En astrologie védique, on ne parle pas d'influence des planètes sur l'humain. Mais comme tout est Un, il y a identité entre individu et univers, on peut donc « lire » dans la position relative des planètes ce que traverse un humain. Jean

Bernard n'a probablement plus que quelques jours ou semaines à vivre, l'objectif est qu'il parte en paix. Mon idée est de permettre à Jean Bernard de faire un genre de bilan de sa vie, en prenant suffisamment de hauteur pour en saisir la cohérence. Nous ne sommes pas déçus. Tous les trois assis autour de lui sur son lit, nous ne perdons pas une miette des paroles de l'astrologue qui parle par Skype. L'astrologue décrit son intelligence intuitive, sa façon de prendre les gens tels qu'ils sont et de regarder les choses pour ce qu'elles promettent. Il dit que son thème évoque une grande spiritualité, une existence visant à la vie pratique et à la transmission. « Vous avez toujours été animé par le désir de réaliser quelque chose de bon autour de vous, d'œuvrer à améliorer la santé des gens et de créer une communauté. » Difficile de décrire mieux Jean Bernard qui consacre ses jours à la diffusion de tout ce qui permet une vie meilleure, des objets pratiques et écologiques par sa société Vivre-Mieux, et d'un bouddhisme inscrit dans le quotidien. « Ce que vous faites est pour les autres. » C'est vrai, c'est Jean Bernard. « Vous ne craignez pas de penser par vous-même. » C'est vrai, c'est aussi ce que j'aime chez lui. Nous partageons le même anticonformisme et le désir de penser. « Vous portez un médicament à l'humanité, comme le vent emporte avec lui les éléments pollués. » C'est vrai que Jean Bernard est comme le vent… Il était drôle, léger, mais parfois un peu fougueux, un peu bourrasque (on disait « *pushy* »), il voulait que les gens avancent, soient plus heureux… Alors il insistait. Il aimait aider les autres et les confrontait volontiers à ce qu'ils auraient, parfois, préféré laisser dans l'ombre. Mais toujours sur un ton aérien, rieur et chaleureux. « Vous avez pris plaisir à la vie. Votre œuvre est aussi dans votre postérité, dans vos enfants. Avec votre femme, c'est une rencontre d'âmes. Vous êtes à l'âge d'une ultime épreuve. Une transformation, une rupture majeure, une porte. Il s'agit de réunir à l'intérieur ce que vous avez incarné en un tout cohérent. » L'astrologue conclut en disant qu'il doit être un homme auprès de qui il fait bon vivre. Je confirme ! Jean Bernard reste étonnamment alerte et attentif pendant près d'une heure, et pose même des questions. Entendre ces paroles splendides sur le sens de sa vie est très touchant et ça fait un bien fou à mon amoureux.

Jean Bernard a faim, je vais chercher un yaourt dans le petit frigo mis à disposition des patients hospitalisés et de leur famille. Je ne trouve plus nos provisions. Tranches de jambon fumé, plaquettes de beurre bio et yaourts de coco ont disparu… Je suis d'abord furieuse, puis je me dis que ça fait plaisir à certains. J'imagine que tous les patients de l'étage n'ont pas la chance d'avoir autour d'eux une famille qui approvisionne leur frigo en produits bio.

Le chef de service passe, Jean Bernard le remercie de tout ce qu'ils font tous pour lui. Le médecin est touché :

« Vous êtes un patient rare, Monsieur Fried.

— C'est naturel, tout le monde est si attentionné pour moi.

— Non, tous les patients ne sont pas aussi gentils et élégants. »

Puis il m'entraîne dans le couloir pour me parler de l'organisation de la sortie. Les questions se pressent dans ma tête et dans mon cœur, mais il ne peut y répondre. Non, personne ne peut savoir combien de temps il lui reste à vivre. Quelques jours, quelques semaines… La vie et la mort restent un mystère. Ce qui est en notre pouvoir, c'est de faire en sorte qu'il ne souffre pas. Si je suis d'accord, il fera le lien avec l'équipe territoriale de soins palliatifs dont nous dépendons. J'avais pensé à la Maison de Gardanne, dont je connais la réputation, mais je donne mon accord pour cette équipe mobile de secteur. Il nous faudra aussi du matériel médical et prévenir le service de l'HAD, l'Hospitalisation à domicile, pour un passage infirmier trois fois par jour.

J'organise par téléphone notre retour à la maison. J'appelle d'abord mon équipe. Depuis le début de la maladie, les salariés de ma société sont au maximum en télétravail et ne viennent que ponctuellement au bureau. Et il n'y a plus de stage. Nous allons libérer les pièces du rez-de-chaussée de la maison principale et installer leurs ordinateurs dans la salle de groupe. Mon bureau sera la pièce idéale pour accueillir le lit médicalisé. Quand nous avons acheté cette vieille ferme il y a seize ans, cet espace était une grange. J'avais demandé à l'architecte de concevoir cette chambre pour qu'elle puisse un jour accueillir un de nos parents vieillissants ou même l'un de nous deux, s'il était en fauteuil roulant. On y était. C'est aussi une pièce lumineuse et agréable. Une grande baie vitrée donne directement sur le jardin.

J'appelle les différents fournisseurs de matériel médical dont on m'a donné les coordonnées. Il nous faut un lit médicalisé, de l'oxygène au cas où… et une équipe de soins. L'HAD peut nous prendre en charge à partir du lundi, mais il faut une infirmière dès demain pour placer la perfusion. Je passe un coup de fil à Florence. Non seulement elle sera là, mais elle me propose d'assurer tout le suivi jusqu'au bout avec Hélène. Elles ont un sacré parcours hospitalier : médecine, gériatrie, réanimation, bloc opératoire, anesthésie, elles sont passées presque partout… et ont l'expérience d'une prise en charge globale en libéral. Elles nous garantissent un accompagnement plus continu qu'un service HAD ne pourrait nous le proposer. L'HAD, c'est très bien, mais l'infirmière peut être chaque fois différente. Pour Jean Bernard, qui perd ses repères, ce pourrait être difficile à vivre. Je savais qu'elles nous aimaient beaucoup. Je me sentais en sécurité et en confiance avec elles. Elles étaient avec nous depuis le début, elles m'avaient enseigné avec patience à piquer cette fameuse orange puis mon mari. Nous annulons l'HAD. Dès samedi matin, elles seront là pour la perf de corticoïdes. Lundi, le médecin viendra pour mettre en place la suite et une IRM est planifiée pour le 18 septembre.

Jean Bernard est très diminué. Il dort beaucoup. Entre les siestes, même immobile, en sus des nausées, il a de terribles vertiges. Quand il se lève pour aller aux W.C., c'est pire. Il est tellement mal. Même avec un enfant pour le soutenir de chaque côté, il crie à chaque pas :

« Tout tangue... Je tombe, je suis en train de tomber !

— Non papa, on est là. On te tient... »

Chaque mouvement prend un temps infini. Quand le médecin passe, il demande : « Alors, vous avez le tournis ? » Jean Bernard, toujours trop gentil répond : « Oui ça tourne un peu, mais là ça va. » Le médecin est ressorti avec cette conclusion : « Ne vous inquiétez pas, les patients disent souvent ça, ils cherchent de l'attention... » Nous étions furieux, mais impuissants. Heureusement, une infirmière venue un peu plus tard a eu tant de difficultés à l'asseoir simplement au fauteuil, qu'elle en a reparlé au médecin. En plus des vertiges : « J'ai tout qui tourne, je vais tomber », il répète en boucle : « J'ai envie de vomir, mais y a rien qui vient. Si je vomis, où est ce que je peux vomir ? » Les infirmières lui ont donné un haricot en carton qu'il tient précieusement contre lui. C'est dur. Les médecins pensent que les nausées et vertiges peuvent être dus à des désordres vestibulaires. On va lui donner un médoc en test, le bien nommé « Tanganil ».

Carole a fait un saut express depuis Paris. Sept heures de train et de métro pour deux heures de visite. Nous parlons un peu toutes les deux pendant qu'il dort, puis elle entre. Il la reconnaît, il est heureux de la voir ou plutôt de la sentir présente, car il a désormais les yeux fermés la plupart du temps. Il lui explique : « J'ai un peu la nausée, mais y a rien qui sort. » Je me suis absentée pour marcher un peu dehors, passer des appels et aller chercher quelques affaires. Margot et Adrien se sont retirés dans le couloir pour laisser le frère et la sœur pleurer ensemble, côte à côte sur le lit. Puis c'est déjà le moment pour elle de repartir.

Jean Bernard, qui ne se souvient pas de ce qu'il vient de manger, se rappelle ce que lui a dit l'astrologue. Il le répète, ça lui fait du bien.

Rentrée à la maison, Margot m'envoie un SMS, elle est anxieuse : « J'ai peur qu'il ne se réveille plus, j'ai peur qu'il parte trop vite. Je ne suis pas prête encore. » Par SMS pour que Jean Bernard n'entende pas notre conversation, je lui réponds : « Ce n'est pas parce que le médecin a dit qu'il pouvait mourir du jour au lendemain que ça signifie que c'est forcément demain. » Je confie à Margot que j'ai la conviction que nous saurons quand le moment viendra. J'ai beaucoup travaillé avec des soignants et ils m'ont raconté qu'il y avait des signes. C'est subtil, c'est chaque fois différent, mais on sait. Pour rassurer Margot, je pose carrément la question à Jean Bernard : « Vas-tu mourir cette nuit ?

— Non. »

Margot peut dormir tranquille. Je consulte mes emails. Victoire, ma cousine a trouvé la tombe :

Concession achetée en 1834 – N° 255 PP 1834

Huit personnes y seraient inhumées dont : Jean-André COSSON en 1867.

C'est dingue, je ne tilte pas sur le prénom. C'est notre dernière nuit dans cette chambre d'hôpital. Quand Jean Bernard est endormi, je mets mes lentilles de nuit, je lis un peu et je m'endors. Les soignants passent parfois la tête par la porte, viennent vérifier les constantes de leur malade. Les sonneries résonnent dans les couloirs. Bruits d'hôpital. Nous serons plus au calme à la maison.

Mourir à la maison

31 août. Nous sommes contents de rentrer, nous voulons pouvoir être avec lui 24 heures sur 24 en famille pour ses derniers jours. Contents, est-ce le mot ? Nous vivons tous les instants intensément. Faire ce qu'il y a à faire. Vivre ce qu'il y a à vivre, et le vivre au mieux. Notre boussole ? Privilégier toujours l'amour. L'équipée a été mouvementée. Ayant préféré prendre notre voiture plutôt que d'attendre l'ambulance, nous avons prévu des tonnes de coussins pour le caler sur le siège avant. Nous n'avions cependant pas anticipé la difficulté de le mobiliser. Il est très nauséeux. Il répète inlassablement : « Où est-ce que je peux vomir, j'ai envie de vomir, je vais vomir… » Nous lui installons son petit haricot en carton dans les mains, toujours le même puisqu'il ne vomit finalement jamais. Son corps tout raide, son insécurité au moindre mouvement, ses pertes d'équilibre, il faut de la patience, énormément de douceur

mais aussi de détermination. Monter en voiture est épique. En descendre une heure plus tard et parcourir les quelques mètres qui le séparaient de son lit n'est pas plus aisé. Sacrée expédition. Ça y est, nous sommes à la maison ! Lui n'est déjà plus guère conscient de son environnement et ne manifeste pas de plaisir particulier à être de retour. Quand on l'interroge, il répond : « Je ne sais pas, je suis perdu, je suis si mal... » Il ne fait pas de commentaire sur la chambre dans laquelle nous l'installons. Je ne sais pas s'il sait où il est. Mais il sait que nous, ses enfants et moi, sommes là et c'est le plus important. Margot a bien réceptionné le lit médicalisé. Nous pouvons l'installer directement dessus.

Quand je découvre ce lit, je crise un peu. Les boudins d'air qui se gonflent et se dégonflent régulièrement pour éviter les escarres m'intimident et ça fait un sacré boucan. Ce lit est bien trop haut et il y a des barrières des deux côtés, ça ne me plaît pas du tout. Comme l'infirmière ne comprend pas mon hostilité alors qu'elle le trouve parfait, elle me fait dire ce qui bloque : « Mais comment je peux dormir avec mon mari ? » Il n'y a pas de problème, il n'y a que des solutions. On a empilé trois matelas, ôté la barrière d'un côté et collé le lit contre les matelas. Ça nous fait un grand lit. Je peux dormir à côté de lui, à sa hauteur, lui tenir la main, être ensemble. Ce lit nous permettra à tous les trois de lui faire de grands câlins et il pourra tournicoter sans risquer tomber.

Reste le bruit, mais mieux vaut cet inconfort auditif que la douleur des escarres !

Jean Bernard a exprimé le désir de guérir. Si nous parvenons à lui faire passer les nausées et les vertiges, on va pouvoir lui donner la berbérine et l'artémisinine commandées par Margot. La médecine conventionnelle ne peut plus rien, mais nous pouvons encore tenter les traitements alternatifs. Nous allons l'accompagner, vers la mort ou vers la guérison. Nous ne pouvons nous résoudre à ne plus rien tenter du tout.

1er septembre. Jean Bernard réalise que les traitements ne marchent pas. Les vertiges sont très durs à vivre pour lui. Ce midi, il se dit prêt à partir. Il nous redit qu'il n'a pas peur de mourir, juste de nous quitter, mais que si nous faisons attention à ce qu'il ne souffre pas, c'est OK pour lui de mourir. Nous sommes là tous les quatre, nous pleurons ensemble. Nous nous disons combien nous nous aimons. Nous nous congratulons et nous remercions de tout ce bonheur vécu ensemble. Et nous assurons Jean Bernard que nous serons toujours à ses côtés, que nous ne le lâcherons pas. Lui aussi nous dit qu'il serait toujours avec nous. Il me dit de continuer à vivre...

Nous lui demandons aussi ses volontés pour le passage et pour après. Son seul désir est de ne pas souffrir. Sinon, il nous laisse décider.

Puis, nos amis François et Caroline passent nous voir. C'est chez eux, grâce à eux, que nous nous sommes connus, Jean Bernard et moi, il y a quarante-deux ans. Ils ont été témoins de nos dix-sept ans d'amitié comme de nos vingt-cinq ans de couple. Nous convoquons quelques souvenirs. C'est un moment fort en émotions.

Aujourd'hui, il est plus éveillé, mais il ne veut plus marcher. Il ne fait que quelques pas avec notre soutien jusqu'aux toilettes ou jusqu'à la table que nous avons installée dans sa chambre pour manger. Il faut dire que dès qu'il bouge, et pire quand il marche, il a des vertiges terribles que les médicaments peinent à calmer. Le Primpéran en perfusion semble être efficace sur les nausées, mais les vertiges sont toujours là. Du fait de son état, nous hésitons à lui donner de nouveaux traitements alternatifs. L'espoir de guérison s'amenuise d'heure en heure. C'est dur. Mais peut-on renoncer à l'idée d'un miracle de dernière minute ?

2 septembre. Ce matin, il se prépare à partir. Nous sommes tous les deux. Nous nous couvons des yeux, même s'il ne me voit guère plus. « Je t'aime, je t'aime tant. » Nous éprouvons tant de gratitude pour ces vingt-cinq ans passés ensemble. Nous avons vraiment été heureux en couple. Nous évoquons, en souriant amoureusement, ce moment où nous avons si merveilleusement fait l'amour avec

un degré d'intimité jamais encore égalé. Il dit et répète « Tout est en heure, tout est en ordre ». Nous nous aimons pour l'éternité. Puis il me demande de dire aux enfants qu'il les a toujours aimés. Je lui propose de le faire lui-même. J'appelle d'abord Margot. Puis Adrien entre. Intense moment où il nous confie qu'il va partir plus tôt que prévu et s'en excuse. Il est toujours si gentil, si attentif aux autres. Un temps de tendresse immense à quatre. Il a un bon regard, une si belle lumière sur son visage, irradiant de bonté et d'amour. Puis il ferme les yeux, une larme coule doucement. Maintenant il dort. Il est apaisé. Ce n'est pas encore le temps de la séparation, mais nous nous préparons. Nous avançons chacun à notre rythme dans le processus d'acceptation. En nous épaulant les uns les autres. C'est si bon de vivre ça ensemble. Chaque instant auprès de Jean Bernard est un vrai bonheur.

Le temps est splendide, nous l'installons sur un canapé de jardin à l'ombre, juste devant sa chambre. Il est très paisible, lumineux. La température est idéale. Après le déjeuner, il déguste son carré de chocolat. Il dit : « C'est bon, je pars avec le goût du chocolat dans la bouche... tout va bien... » Nous sourions. Il est persuadé qu'il va partir dans la journée. Mais il est évident pour nous qu'il n'est pas encore à l'article de la mort. Il reprend : « Je meurs avec le goût du chocolat dans la bouche. Ce chocolat, c'est d'un autre monde, c'est un autre goût de chocolat, un autre goût, un goût incroyable... J'ai jamais goûté ça. »

Avec tendresse, je lui réponds : « Oui, tu pars, Jean Bernard, mais pas tout de suite ! » Adrien s'installe tout contre lui pour un grand câlin et une petite sieste. Un de ses meilleurs amis appelle de Chine sur Skype. Il n'a pas réussi à venir le voir mais tient à parler avec lui. J'apprends que lui aussi a traversé la maladie. Il a frôlé la mort mais s'en est sorti. Nous échangeons tous les deux sur les traitements, mais avec Jean Bernard il partage des souvenirs, des moments d'émotion. Je tente d'organiser des contacts, visites, téléphone ou Skype, avec les personnes signifiantes de sa vie. Se dire adieu, c'est important, autant pour eux que pour lui.

Ah, voici l'infirmière. Et son médecin traitant qui vient avec sa femme, ce sont aussi des amis. Une autre voiture se gare sur le parking... Encore un ami, je le fais attendre. J'ai beau demander à chacun de parler doucement, c'est beaucoup de stimulations en même temps pour Jean Bernard qui tremble et gémit : « Je ne suis pas bien. » Son médecin peut à peine l'ausculter... Jean Bernard est emporté par une crise. Il est secoué de spasmes... C'est très dur.

Notre infirmière nous explique qu'il s'agit probablement d'une crise de panique due à la saturation de stimuli. Il ne peut plus intégrer les informations comme nous. Comme il ne voit que très peu, il entend les voix autour de lui, mais ne comprend pas ce qui se passe et ça a déclenché une crise de panique. Arrivés pendant la crise, deux autres amis attendent, mais je leur interdis la chambre de Jean Bernard. Ils discutent un temps ensemble sur le parking. Je suis désolée pour eux. Je m'en veux. Comme certains viennent de très loin, j'ai accepté des visites en entorse à la règle « Une seule personne par jour ». Pas de chance, tout le monde est arrivé dans un mouchoir de poche ce dimanche. D'autres ont téléphoné juste aux mêmes horaires... On a vite été débordés. Désirer voir Jean Bernard une dernière fois est légitime, mais il n'est plus vraiment capable de gérer les rencontres, surtout plusieurs à la fois.

Ce n'est que vers 19 heures que la crise se calme complètement grâce à un massage d'Adrien. Petit dîner et il est tout tranquille avant de s'endormir, ne se souvenant absolument pas de cet après-midi mouvementé. C'est mieux comme ça, mais une bonne leçon pour nous. Nous inviterons ses amis à prier pour lui, à lui envoyer de l'amour dans leurs méditations, à chanter en pensant à lui, mais à ne faire des visites qu'au compte-gouttes.

3 septembre. Ce matin, Adrien a passé son permis de conduire. Résultats dans deux jours. La vie continue... Journée active mais tranquille pour Jean Bernard. « Ça tourne », dit-il, mais il est moins nauséeux. Il passe un bon moment dehors à l'ombre, allongé sur le canapé de jardin en dégustant

longuement son jus de mangue. On respire mieux qu'à l'hôpital.

Tant de choses à organiser ici, tant de soins à lui donner, chaque instant est occupé. On a beau être trois autour de lui et même cinq, avec Chris et Stefanía, les conjoints respectifs de Margot et Adrien, on y arrive à peine. On oublie sans cesse un médoc, un coup de fil, une réponse à donner au pharmacien... Nous sommes débordés et épuisés. Nos infirmières passent trois à quatre fois par jour. Nous n'en revenons pas de notre chance de les avoir à nos côtés. Elles sont très présentes. Ce sont des femmes extraordinaires, elles ont à la fois les compétences techniques et le cœur. Elles savent écouter et être là pour lui, mais aussi pour moi, pour les enfants.

Le médecin de soins palliatifs censé venir ce lundi n'arrive pas. Je prends contact avec l'équipe mobile. L'accueil est sec. J'apprends que nous ne sommes pas prévus dans leur programme. Et que de plus, leur agenda est déjà organisé pour la semaine, ils n'ont pas que ça à faire et ne viendront donc que la semaine suivante. Je trouve ça dingue, mais je ne peux encore mesurer à quel point cela va être problématique, et je n'ai, hélas, pas l'idée de changer de service. Je suis rassurée par le fait de pouvoir appeler nos deux infirmières 24 heures sur 24. Elles, nous ne les dérangeons jamais. En cas de besoin, à n'importe quelle heure du jour ou de la nuit, l'une ou l'autre sautera dans sa voiture et sera là en moins de quinze minutes. Je me sens épaulée, accompagnée. Elles forment le filet de sécurité dont nous avons besoin.

4 septembre. Encore une blague de l'au-delà : plus d'eau chaude ! Il va falloir appeler le chauffagiste.

Un jour après l'autre pour Jean Bernard. Ce matin, il a du mal à émerger de son sommeil. Puis, calmement, il dit qu'il va mourir. Il est toujours aussi gentil, il dit merci sans cesse, à tout le monde.

Margot est aux petits soins pour son papa. Elle a fait des confitures avec les figues du jardin et en tartine avec amour un morceau de baguette. Il est aux anges à chaque bouchée placée dans sa bouche. Du pain et de la confiture de figues… L'extase. Puis soudain, il s'affole : « Ce n'est pas bien de manger, c'était si bon, ce n'est pas bien… Je ne dois pas… » Une fois calmé, il annonce qu'il a beaucoup mangé dans sa vie et que désormais il n'en a plus besoin. « Je ne veux plus manger. Ça peut commencer sans moi. Je ne crois plus en rien. Il n'y a personne. J'ai peur d'être tout seul. Je ne veux plus manger… J'ai pas besoin d'autant. Là, il y a beaucoup. Je sens qu'il y a beaucoup, je n'ai pas besoin d'autant… » Nous ne savons pas s'il s'agit d'une véritable décision ou d'un moment de délire, mais nous ne sommes pas prêts à ne plus le nourrir.

Nous avons reçu le fauteuil roulant ! Tout au bonheur de lui faire plaisir, nous l'y installons et avançons jusque dans la flaque de soleil qui inonde la terrasse juste devant sa chambre. Il panique : « C'est chaud ! C'est trop chaud. » Je le ramène vite dans l'ombre. Suit un quart d'heure de litanie : « C'était chaud, c'est trop chaud, je ne veux pas brûler. » Il a vraiment du mal à organiser ses sensations. Il n'a plus les moyens de comprendre son environnement.

Je suis à la gare TGV, je suis venue chercher ma sœur, Karina. Son train a deux heures de retard… J'ai quelques appels à passer. Je m'installe sur les chaises longues sur les terrasses de l'étage, face à la montagne Sainte-Victoire. Ça me fait du bien d'être loin de Jean Bernard et ça va me permettre de parler plus librement de funérailles à une amie. Je téléphone à Michelle, psychopompe, qui depuis des années accompagne les morts dans l'au-delà. Je lui parle de mon dilemme, enterrement ou crémation, ai-je le droit de l'enterrer dans la tombe de ma famille ? Elle m'explique que les défunts ignorent ce que devient leur dépouille. Ce qui est important, c'est nous, les vivants. Parler à mon amie me fait du bien. Pouvoir évoquer librement ces questions avec quelqu'un que cela ne stresse pas, et qui n'a ni intérêt ni enjeu affectif dans l'histoire, me donne beaucoup de liberté pour évoquer mes doutes, mes inquiétudes, mes questionnements.

Pendant mon absence, Adrien réussit à le faire marcher vingt mètres dans le jardin. Son papa tombe vers l'avant ou sur le côté si on ne le soutient pas, mais il ne dit plus que ça tourne. Est-ce l'homéopathie ou les trucs énergétiques que nous avons tentés ? Toujours est-il que ça semble avoir réduit le vertige.

Jean Bernard accueille sa belle-sœur, plein d'espoir : « Oh, Karina ! Tu me remets comme avant ? Tu vas me remettre comme avant, hein ? » Comme si elle avait le pouvoir miraculeux de le guérir. Il est vrai qu'elle a un don, une si belle voix. Elle chante pour lui. « C'est agréable, mais je suis perdu, je ne suis pas bien. » Il se met à trembler, à paniquer. Revenue auprès de lui, je réussis à le faire respirer et à le calmer en lui parlant doucement, en lui répétant tranquillement en miroir ses paroles : « Tu as eu peur, c'était pas comme d'habitude, c'était agréable, mais tu étais perdu... » Nous le ramenons dans son lit. Il suce un carré de chocolat.

Vers 17 heures, il nous demande avec beaucoup de sérieux comment gérer la faim... « Je ne veux pas manger, mais terminer ce que j'ai ouvert. » Nous lui proposons la chantilly qui reste avec des framboises.

Le soir, au moment du dîner, il ne veut pas manger, son ventre est dur. Il refuse aussi de boire. « Je ne peux pas manger comme les autres. Ils cuisinent, je ne peux pas cuisiner comme eux. » Il est très mal, mais je ne réussis même pas à lui faire boire quelques gorgées pour avaler les médicaments, dont l'antiépileptique… Il finit par s'endormir, couché à mes côtés.

5 septembre. Ce matin, j'ai hurlé. Hurlé de douleur. Je n'ai pas envie de vivre sans lui.

Cette nuit, il ne s'est pas réveillé pour faire pipi, moi si ! Au moins cinq fois ! Et impossible de me rendormir facilement. Pourtant, il ne ronfle plus du tout depuis le début de la maladie. Je savais bien que les ronflements signalaient un dysfonctionnement, une tension. Mais lui s'en fichait un peu. Comme il disait, il n'entendait pas ses propres ronflements. Comme je regrette de ne pas avoir insisté. Mais à l'époque, je ne savais pas tout ce que je sais aujourd'hui. Le ronflement dit une mauvaise oxygénation nocturne du cerveau, ce qui entraîne, entre autres, des troubles de la mémoire et de l'attention. Quand quelqu'un annonce « Je ronfle », les gens rigolent souvent. Alors qu'il est en train de dire « Je m'asphyxie la nuit, mon cerveau souffre ».

Quand l'infirmière arrive, je sors me faire un café. Entre deux sanglots, je scande : « Je ne suis pas prête… Je ne veux pas vivre sans lui. » Puis je pars dans un grand hurlement… Karina s'approche pour m'entourer de ses bras… Je la repousse violemment : « NON, ne me touche pas. » Je sais ce dont j'ai besoin. Si elle me touche, ça va diminuer mon émotion. Je crie tout ce que j'ai besoin de crier dans un coin de la cuisine. Ça dure peut-être une minute... puis je reviens vers elle : maintenant, les bras ! Elle m'entoure de sa chaleur. Je fais mon café et je reviens dans la chambre.

Il a peur, il se sent perdu. « Isabelle, tu peux m'aider ? Je ne sais pas comment mourir. » Il demande à parler avec Michelle. Quand cette dernière arrive, il l'accueille d'un : « Ah, Michelle, tu peux m'aider à mourir ? Je veux mourir, mais je ne sais pas comment on fait. » Michelle répond : « Là, je peux t'aider ! » en approchant sa chaise du lit. Les enfants et moi l'exfiltrons prestement de la chambre. Hé ! C'est pas des façons ! Loin des oreilles de Jean Bernard, nous parlons : oui, nous sommes prêts à le laisser partir... Et non, nous ne sommes pas prêts.

Livraison de matériel pour Jean Bernard, toilettes adaptées, vaporisateur d'eau minérale, etc. Puis arrive le réparateur de la chaudière. Infirmière, faire à manger, emmener Jean Bernard aux toilettes... Ça n'arrête pas. Des amis m'appellent au téléphone, je les envoie balader. Je n'ai pas le temps !

« Ça ne marche plus. Je ne sais pas comment faire pour mourir. Je suis perdu. Je suis mal, je suis terriblement mal, je ne sais pas comment me mettre. Y a pas une position plus confortable ? » Il crie plus fort : « Y a quelqu'un ? » Comme s'il ne percevait pas ma présence alors que je suis à côté de lui. « Y a quelqu'un qui peut me mettre dans une position confortable ? Non, il n'y a personne. Je suis tellement mal. »

Selon les médecins contactés au téléphone – puisque personne ne parvient à se déplacer –, il n'a pas de douleur physique, mais un mal-être général et de l'angoisse. Ça semble effectivement logique… et hélas nous les croyons. En réalité, il exprime exactement ce qui se passe dans son corps : « Ça ne marche plus. » Son corps ne fonctionne plus. Une zone précise de son corps. Il nous le dit, mais nous ne savons pas entendre. Il se tortille. Comment se fait-il qu'aucun médecin, surtout celui des soins palliatifs, n'y ait pensé ? Je découvre combien les médecins sont prompts à parler d'angoisse ou de stress pour éviter de se poser des questions, quoique là, c'est pourtant assez évident : il a envie de faire pipi ! Mais personne, ni moi, ni les médecins, n'y avons pensé. Jean Bernard n'est pas angoissé à la base, même pas angoissé à l'idée de mourir. En revanche, comment ne pas s'angoisser quand les gens autour de vous ne font rien pour soulager votre douleur ?

Je suis pas très bien.
Ça m'appartient plus.
Ça ne marche plus.
Ça ne fait plus rien.
Merci.
Je t'aime.
Merci de tout ce que tu fais pour moi.
Je vais mourir.

Je ne sais pas.

Au matin, nous paniquons un peu en réalisant qu'il a dormi toute la nuit, sans faire pipi donc. Nous le plaçons sur le fauteuil pour rouler les deux mètres qui séparent son lit des W.C. Nous venons de recevoir un genre de siège de toilette clipsé sur la cuvette, nous l'installons dessus, mais manifestement, ça le bloque. Il a envie, mais ne parvient pas à uriner. Nous ôtons l'engin. Sans, il est tout aussi bloqué. Je m'éloigne quelques instants dans la pièce d'à côté pour lui laisser un peu d'intimité, il glisse à terre. Margot et Karina accourent pour m'aider à le relever et le remettre au lit. Lors d'une autre tentative de pipi, il tombe en avant en se levant sans m'attendre. Heureusement, Adrien intervient juste à temps, Jean Bernard s'est un peu écorché mais tout va bien. Après plusieurs tentatives infructueuses, il réussit enfin à uriner vers 11 h 30. Plus de douze heures sans faire pipi. C'est un signal, mais nous ne le réalisons pas. Son médecin traitant arrive enfin, il ausculte, palpe, et me rassure : tout va bien. Selon lui, pas de problème vésical. Il nous soutient qu'il pouvait ne pas faire pipi pendant plus de douze heures sans que ce soit problématique. Il attribue les crises à un excès de stimulations, et conclut une fois de plus à de l'angoisse. Jean Bernard a besoin de calme. C'est tout.

Mon amoureux fait encore trois crises dans la journée, se débattant et criant qu'il est mal. Nos infirmières sont présentes, mais elles n'ont pas le pouvoir de prescrire. Elles voient arriver le globe sans pouvoir agir. Puisque le médecin de Jean Bernard l'a examiné et a expressément dit qu'il n'y avait pas de problème, elles ne peuvent que s'incliner. Je ne peux m'empêcher de penser que la formation des médecins pèche carrément sur la question ! Mais à sa décharge, un médecin de ville ne connaît pas forcément les protocoles de la fin de vie. C'est pourquoi le rôle de l'équipe mobile de soins palliatifs est si important. Le médecin de soins palliatifs aurait dû intervenir, mais il ne viendra que dans quelques jours… Il a un programme, il a organisé sa tournée et ce n'est pas encore notre tour… Les mourants doivent conformer leur processus de mourir en fonction de sa petite organisation.

Jean Bernard n'a plus de nausée, ça ne tourne plus trop, mais il n'a plus aucun équilibre et presque plus de force. Et surtout cette sensation de malaise, de ne pas trouver de position correcte. Il ne veut manger que de toutes petites quantités, une demi-papaye, quelques framboises, une tranche de melon, un yaourt coco, et deux verres de jus de mangue pour la journée.

Je tente de l'emmener grâce à son fauteuil roulant jusqu'à son bon fauteuil électrique, pour qu'il soit mieux... À peine installé dessus, il se tortille pour en descendre. Il finit sur le tapis, je l'y laisse un peu en plaçant un coussin sous sa tête. Puis Adrien vient le relever pour le ramener dans son lit. Heureusement que notre fils est super musclé !

Jean Bernard a pris tous ses médocs et après une nouvelle crise de « Je suis mal, je ne sais pas comment faire, je ne sais pas comment me mettre », il s'endort enfin.

Adrien apprend qu'il a loupé son permis… Il faut dire qu'il est difficile d'avoir toute sa tête à la conduite quand on vit tant d'émotions à la maison. Il est extrêmement présent pour son papa. Toujours désireux de se montrer utile, prêt à répondre au moindre besoin, il vit en plein ce moment comme une expérience de vie, comme un enseignement. Mais la case « Je prends soin de mon papa en fin de vie » n'existe pas pour l'administration et il aura un mal fou à obtenir un numéro de sécurité sociale. En sus, il ne sera bizarrement pas considéré à ma charge pour la simple raison qu'il n'est pas inscrit dans une université. Il est à sa place. Sa sœur et lui sont là à 100 %, ils travailleront ou se remettront à étudier après. Pour l'heure, ils accompagnent leur papa. Nous sommes très solidaires tous les trois. Notre cohésion est totale. Je ne me souviens pas d'une dispute, d'un reproche ou d'une tension entre nous. Nous prenons les décisions ensemble. Nous nous écoutons. Nous laissons à chacun le temps et l'espace dont il a besoin pour procéder à son deuil. Nous assurons une continuité de présence auprès de Jean Bernard. Nous l'entourons d'une bulle protectrice. Dans sa chambre, le calme règne, l'amour se déploie. Les tensions avec les médecins, nous les vivons dehors.

6 septembre. La nuit est particulièrement difficile. Quatre fois, Jean Bernard veut se lever pour faire pipi sans y parvenir. Il est ultratendu. Il serre les jambes, contracte tout son corps. C'est terrifiant. Il souffre, gémit et panique. Nous assistons à sa douleur, démunis et impuissants. À 7 h 30, l'infirmière appelle le SAMU. Direct les urgences de la Timone. Margot me glisse une bouteille d'eau, des noix, du pain et du chocolat en prévision des heures d'attente à venir. Je m'assieds dans l'ambulance à côté du brancard, je tiens la main de mon amour et je lui parle doucement pendant qu'il geint, crie, et reprend sa litanie : « Quelqu'un peut m'aider ? » Arrivé aux urgences, il est vite pris en charge. On le sonde : 900 ml ! Presque un litre de pipi. Il paraît qu'une vessie contient normalement 300 ml ! Décidément, l'angoisse a bon dos !

Je suis autorisée à entrer dans son box. Normalement, il ne devrait plus ressentir de douleur, mais il continue de gémir « J'ai envie de faire pipi et je n'y arrive pas, je ne sais pas comment me mettre, j'ai tellement mal... » Je le câline, je lui parle doucement, je lui explique ce qui s'est passé... Il ne comprend évidemment pas ce truc qui le gêne au bout de son pénis et tente de l'arracher avec une force étonnante. J'appelle à l'aide. Des infirmiers et infirmières arrivent. Il faut le contenir, qu'il ne tombe pas du lit. Il n'entend plus, ne comprend plus et répète sans cesse la même chose. Les infirmiers laissent la porte du box ouverte pour entendre mes appels. Mes noix se sont répandues sur le carrelage quand je me suis précipitée pour retenir mon homme. Je grignote ce qui reste du pain et du chocolat que m'a préparés Margot.

La question résonne dans ma tête : POURQUOI ? Pourquoi les médecins n'ont-ils pas exploré la piste de l'urine bloquée ? Pourquoi ont-ils minimisé sa plainte ? Ça fait deux jours qu'il se tortille, dit qu'il est mal et ne sait pas comment se mettre. Évidemment ! Ce n'était pas une question de position, mais lui ne pouvait pas le savoir. Nous non plus. S'il y avait eu un protocole, un descriptif de ce qui pouvait se passer, nous aurions pu le repérer. Mais là... nous n'avions aucune information. Dans le mourir, les fonctions stoppent les unes après les autres. La pose de la sonde était inévitable, je n'y avais pas pensé. Notre oncologue était effarée que nous ayons eu besoin de nous rendre aux urgences. On aurait dû le lui faire à la maison. L'équipe mobile aurait dû intervenir. Vous le saviez, monsieur le médecin de l'équipe palliative, nous aurions pu éviter l'hospitalisation en urgence et surtout la douleur. Mon mari a eu mal sans plus avoir les capacités intellectuelles de comprendre pourquoi.

Nous sommes de retour à 15 heures. L'équipe de soins palliatifs nous attend. Les ambulanciers transvasent Jean Bernard sur son lit médicalisé. Il s'endort immédiatement. Le médecin des soins palliatifs le trouve calme ! Aucun *mea culpa* de sa part. L'infirmière coordinatrice nous explique le fonctionnement du service mobile. Le médecin nous présente un tableau des produits qu'ils sont susceptibles d'utiliser. Je fais part de nos attentes et de nos besoins : Jean Bernard ne veut pas souffrir. Le médecin nous rassure sur ce point, nous pouvons lui faire confiance : ils sont là pour adapter les prescriptions et prévoir le futur. Nos infirmières sont toutes les deux présentes. Le médecin avait précisé que ce n'était pas utile, mais elles y tenaient.

Nous avions discuté au préalable des quantités de cortisone que nous trouvions énormes : depuis vendredi, il est à 180 mg le matin et 160 à midi. Sur ce point, le médecin est d'accord. On va tenter de diminuer la cortisone et aussi de supprimer les antivertigineux et antinauséeux qui se révèlent désormais inadaptés. Nos infirmières connaissent bien les produits et tentent une discussion sur les thérapeutiques à envisager, mais le médecin les ignore de toute sa superbe. Comme je m'étonne qu'il ne prescrive pas d'Hypnovel au cas où nous en aurions besoin, il me répond que ce n'est pas d'actualité et qu'il serait très réactif en cas de besoin. Il ne laisse aucune ordonnance pour la suite. Je découvrirai plus tard que la Haute Autorité de santé conseille pourtant que soient disponibles en permanence protocoles d'urgence et prescriptions anticipées pour pouvoir réagir vite. Mais ce médecin préfère me répéter de ne pas m'inquiéter. Quand je l'interroge sur ce qui nous attend, sur les signaux qui permettront de savoir qu'il est au seuil de la mort, il refuse de m'en dire plus. « Nous verrons en temps utile. Nous en reparlerons… » Il y a tant de choses qu'il ne me dit pas et qu'il aurait dû me dire. Préparés, nous aurions été plus sereins et aurions mieux pu répondre aux besoins de Jean Bernard, qui allaient changer si vite désormais. On verra… Il faudra les appeler… Je ne me sens pas confortable, les signaux sont au rouge, mais comment imaginer que cet homme me ment, qu'il ne tiendra aucune de ses promesses ?

Pendant la réunion qui a lieu sur la terrasse devant la baie vitrée, Jean Bernard dort calmement. Dès qu'ils sont partis, il recommence à se tortiller et à tenter de vouloir aller faire pipi. Ce n'est plus vraiment lui que nous avons dans les bras. C'est une force déterminée et très raide qui ne nous entend pas. Ça fait vraiment une impression étrange. Je sens la mort qui approche. Je voudrais en parler avec son médecin traitant, mais je ne parviens pas à le joindre. Il ne répond ni à mes SMS ni à mes messages vocaux. Quand je l'ai enfin au bout du fil, je lui dis mon anxiété à l'idée de ne pas pouvoir le joindre au moment crucial : « Comment je fais s'il arrête de respirer ? » Il me fait cette réponse surréaliste : « S'il meurt, il n'y a pas d'urgence, c'est pour l'éternité. » Je suis sous le choc, tremblante, stupéfaite par la violence de ce *pensum* lapidaire sous couvert de pseudosagesse. Il me laisse en plein désarroi. C'est mon premier mort, je voudrais juste savoir comment ça se passe, pouvoir me préparer. Ce n'est pas justifié ? Heureusement, Florence arrive pile à ce moment-là. Elle me rassure. Quelle que soit l'heure du jour ou de la nuit, je les appelle et l'une ou l'autre arrivera dans les dix minutes. Elles s'occuperont de tout. Si le médecin de Jean Bernard ne veut ou ne peut pas se déplacer pour établir le constat de décès, elles appelleront le médecin de garde. Elle m'explique la chronologie des événements à partir du décès, ça me donne des repères. Elle prendra en charge tout le côté technique et logistique, je n'aurai qu'à me concentrer sur l'essentiel : vivre mes émotions. OK. Je sais qui appeler et j'aurai quelqu'un à mes côtés quand il arrêtera de respirer. Nos infirmières sont fabuleuses. Nous avons un sentiment de continuité de soins très rassurant. Je me sens en sécurité. Nous rajoutons un matelas au sol, Margot va dormir avec moi cette nuit. Je ne me sens pas tranquille seule avec Jean Bernard. Il a une telle force quand il veut arracher sa sonde ou se lever n'importe comment. J'espère qu'il va bien dormir. Et nous aussi.

7 septembre. Cette nuit, une seule crise à 23 h 30, on lui a donné un Xanax. On est passé à cet anxiolytique depuis la dernière hospitalisation. Ses angoisses ne sont plus du ressort de la psychologie. C'est ingérable quand il manque un morceau de cerveau. Ça fait effet lentement. 30 minutes de crise, parole en boucle « J'ai envie de faire pipi, au secours, quelqu'un peut m'aider ? »... Parfois, on arrive à le calmer quelques secondes, puis ça repart. Il est suppliant : « Isabelle, tu m'aides à me relaxer ? » Je le masse avec douceur et je guide une relaxation, mais hélas, aucune technique ne fonctionne plus vraiment... Il n'a plus les commandes de son cerveau. Perf de cortisone, petite crise, puis dodo. Je n'arrive plus à prier. Je demande à notre entourage de méditer, de prier pour nous, pour lui, pour l'aider à trouver la lumière et à partir.

Aujourd'hui, j'ai pensé à l'huile de CBD, et bingo ! ça a aidé. J'ai donné 5 gouttes, j'avais zappé qu'il avait déjà du Xanax dans l'organisme... du coup, il a dormi de 12 h 30 à 16 h 30. Réveil juste pour la toilette par l'infirmière.

Le médecin traitant de Jean Bernard a jeté l'éponge. C'est sa femme qui m'en informe. Comme c'est aussi un ami, c'est trop difficile à vivre pour lui. Pas un mot d'empathie ou de regret sur l'erreur de diagnostic qui a mené à tant de souffrance de mon homme. Je connaissais son blindage, mais là, je suis impressionnée. Ils ont trouvé une remplaçante. Je suis soulagée. Un médecin sera là pour nous.

Karina est d'une infinie douceur avec Jean Bernard. Et je sais qu'il se sent en confiance avec elle. Pendant qu'elle reste à ses côtés et alterne chants brésiliens, chants sacrés, massages légers et méditations en silence, je sors dans le jardin pour appeler les pompes funèbres et demander des devis. Pour parler concession, cimetière et funérailles, je m'exile loin de ses oreilles.

Ce soir, il a très bien mangé ! Enfin, tout est relatif : un yaourt de coco entier et presque une barquette de framboises et il a bu un verre de jus de pruneau. J'ai glissé trois gouttes de CBD dans son yaourt, et là, il dort ! Le médecin de soins palliatifs ne peut pas me prescrire de cannabis, pas même de CBD, seuls un neurologue ou un médecin « réadaptateur » le peuvent à ce moment-là en France, mais il m'a donné la posologie adaptée en fonction de l'état de Jean Bernard et avec le Xanax. Ce sera donc trois gouttes trois fois par jour. Personnellement, je trouve le CBD plus efficace que le Xanax... Moins d'effets secondaires et moins toxiques aussi. Adrien est parti quelques jours à Paris suivre un stage de taoïsme et se changer les idées. Il est remplacé par mon frère Vincent, venu de Besançon. Un homme fort n'est pas de trop. Jean Bernard glisse souvent dans son lit et il n'est pas toujours facile de le redresser. Karina reste aussi, elle a stoppé ses activités pendant presque trois semaines pour nous les consacrer. Je me sens entourée et soutenue.

J'entends du bruit, mon frère et mon mari sont en train de lutter. Vincent tente de raisonner et de maintenir un Jean Bernard qui bataille physiquement contre lui. Depuis plusieurs jours, s'assurer que Jean Bernard ne tire pas sur sa sonde suppose une vigilance de chaque instant. Cela lui aurait évidemment fait très mal. Il répétait cette tentative comme par automatisme. Nous devions sans cesse écarter ses mains qui tentaient d'attraper ce truc au bout de son pénis. Comme une fois de plus sa main se dirigeait vers le site interdit, Vincent l'a retenu, ni plus ni moins que d'habitude. Jean Bernard a approché son autre main que mon frère a aussi interceptée. Et Jean Bernard a explosé. Ils se sont ainsi retrouvés en corps à corps. Pendant quelques secondes, il n'était plus un malade mais un homme en colère qui se bat, avec ses bras et avec ses mots : « Tu fais chier, Vincent. » Le décalage avec le malade fragile et légèrement délirant qu'il était quelques instants auparavant est spectaculaire. Ce « Tu fais chier, Vincent » était lancé avec de la force physique et une présence intense. La colère de ses yeux était puissante et ancrée dans le réel. Ce « Tu fais chier, Vincent » s'adressait vraiment à Vincent. C'était comme s'il avait rassemblé toutes ses forces pour une ultime affirmation de son droit à choisir. Selon Elisabeth Kübler-Ross, la colère est une étape naturelle que traverse toute personne qui sait qu'elle va mourir. Rage de perdre le contrôle sur soi, de devenir un objet, rage de l'impuissance et de la dépendance… Quand le déni devient impossible à maintenir, quand le marchandage échoue, la révolte surgit. La colère qu'on ne sait à qui adresser est souvent déplacée sur la famille ou les soignants. Le marchandage est une étape de négociation et de croyance au miracle. La phase de colère, souvent difficile à vivre pour l'entourage quand il ne la comprend pas, est un passage nécessaire dans le travail qui aboutira à l'acceptation. La solidité de Vincent a contenu Jean Bernard, lequel n'a pu mobiliser tant de force que brièvement. Quand j'entre, il ne crie plus mais est encore levé, torse en avant.

Il est temps que Jean Bernard cesse de chercher à tripoter sa sonde. Et surtout, il est temps qu'il réalise ce qu'il est en train de vivre. Il dit souvent qu'il va mourir, qu'il n'a pas peur de mourir. Il sait que les traitements médicaux ont été stoppés… Mais personne ne lui a dit clairement qu'il était en train de mourir. Il a droit à la vérité. Il faut que je le lui dise. Nettement. Mais comment faire ? Je m'agenouille sur le lit devant lui. Je regarde mon homme dans les yeux, je me connecte à lui, calant ma respiration sur la sienne, et je lui dis avec le plus d'amour possible et avec l'intention de pénétrer dans son cœur et pour qu'il m'entende malgré son cerveau malade : « Jean Bernard. Tu es dans le processus du mourir. » Est-ce ma voix, ma solidité qui le sécurisent, sont-ce mes mots ? Quelque chose s'est apaisé en lui. Nous le recouchons. Je suis toute remuée de ce que je viens de lui dire. Et soulagée d'avoir trouvé les mots.

Sur ce, mon père nous a changé la vie. Rémy a une sonde depuis cinq ans. C'est dire s'il a de l'expérience et a dû trouver des astuces que même les soignants ignorent ou en tout cas ne lui ont jamais dites. En visio sur Skype, il nous fait une démo de la meilleure façon de caler la sonde dans le slip et d'attacher le tuyau souple à l'aide d'un sparadrap de manière à ce que ça ne fasse pas mal. Jean Bernard est très attentif, à l'écoute, et pose même des questions entre deux répétitions de « Au secours, j'ai envie de faire pipi, je n'y arrive pas... » Nous suivons les indications. Oui, bien sûr ! C'est forcément plus confortable.

En faisant la toilette, l'infirmière découvre une petite blessure sur le gland, à l'endroit où sort la sonde. Nous comprenons pourquoi il tentait tellement de toucher son pénis… Je fonce à la pharmacie avant la fermeture pour trouver du gel urétral de Xylocaïne. Ça le soulage immédiatement. Qui ose encore dire qu'il s'agit d'angoisse ? Tant qu'à être à la pharmacie, si le médecin des soins palliatifs avait anticipé l'inévitable blocage des selles qui allait suivre, j'aurais pu acheter en même temps le laxatif… Il a fallu attendre le lendemain la venue de notre nouveau médecin traitant pour qu'elle rédige l'ordonnance et que je puisse courir à la pharmacie avant le passage de 11 heures de l'infirmière pour un lavement.

Ce soir, il s'endort apaisé, non sans avoir répété quelques fois un étrange : « Au secours… Je n'ai pas mal… Au secours, c'est supportable. »

9 Septembre. Ce matin, de nouveau la litanie « Au secours, j'ai mal... » On ne me fait plus le coup de l'angoisse. Je jette un œil. Le gel a séché en collant les poils. Effectivement, ça doit tirer au moindre mouvement, et il a une petite plaie sur le prépuce. Poils coupés et un jet de Xylocaïne plus tard, il dort du sommeil du juste, apaisé. Soulager la douleur, c'est décidément plus efficace que les anxiolytiques !

Margot est allée passer l'après-midi chez des amis. Découvrant qu'ils habitaient tout à côté de notre restaurant de sushis favori, elle y est passée. Nous avions un rituel familial, le sushi du dimanche soir. Même si Jean Bernard ne peut voir le résultat de son lit, nous dressons cérémonieusement makis et nigiris sur le plateau tournant. Nous avons poussé les meubles de cette pièce, qui, avant la maladie, abritait les bureaux de ma société, pour y installer une grande table. Cela nous permettait de manger tous ensemble de temps à autre sans nous éloigner de Jean Bernard. Nous étions nombreux ! J'ai une immense gratitude envers Chris et Stefanía, les conjoints de mes enfants, qui ont été là pour assurer le quotidien pendant que nous étions focalisés sur notre malade. Ils faisaient le ménage, la cuisine et manifestaient un grand respect pour ce que nous vivions. Sans eux, nous n'aurions pas pu avoir cette disponibilité. Nous ne dînions pas toujours dans cette pièce, c'était trop de bruit, trop de stimulations pour Jean Bernard. Mais ce soir, c'est sushi, c'est fête. Nous lui en donnons à la becquée par petites bouchées. C'est à la fois bon qu'il y trouve du plaisir, et tellement émouvant de se dire que c'est vraisemblablement son dernier sushi.

Dîner fini, il répond d'un mouvement des lèvres à mon « bisou, bonne nuit » et la nuit est calme. Chaque nuit, désormais, un des enfants, ou parfois mon frère ou ma sœur, reste avec moi sur le matelas au sol.

10 septembre. Ce matin, il ne se réveille pas quand l'infirmière lui pose la perfusion de cortisone. C'est bon de le voir enfin paisible, sans douleur. Il dort beaucoup. Nous avons autorisé un de ses amis à venir le voir. Quand il se présente, Jean Bernard ne réagit guère. Puis vient un « Mmmh » d'acquiescement. À la question « Comment ça va ? » il répond : « Ça va doucement, mais ça va. » Comme tous les lundis, on lui change l'aiguille de la perf. Il ne bouge pas. Il coopère, c'est incroyable. Il conserve les yeux

fermés mais il est conscient, il répond quand on lui demande s'il n'a pas froid (si), s'il désire manger (non), boire un peu de jus de mangue (non)... Il a parfois un peu le hoquet. Mais ça n'a pas l'air de le perturber plus que ça. Je ne sais pas ce qu'il vit, s'il fait des rêves quand il dort...

Nous l'asseyons au fauteuil. Avec amour, délicatesse et professionnalisme, Adrien lui masse le crâne et les épaules. Karina a préparé un bain de pieds à la lavande à la juste température. Elle masse doucement les pieds de Jean Bernard avec non moins de délicatesse et de professionnalisme. Il s'abandonne à leurs mains expertes et apprécie. C'est un beau moment de plénitude pour notre petite équipe. Lui faire du bien nous ressource. Une petite purée de banane, une couverture pour emballer ses jambes nues et en avant pour une balade en fauteuil roulant dans le jardin jusqu'aux figuiers.

Les figues, c'est une institution chez nous. Adrien et moi sommes si heureux de pouvoir satisfaire au rituel annuel. Mais nous ne savons pas si Jean Bernard est en état d'apprécier, ni même de réaliser vraiment ce qui se passe. Nous devons le redresser plusieurs fois sur son siège sur les cinquante mètres à parcourir. Adrien cueille quelques figues blanches comme son papa les adore, avec la petite goutte de « confiture » qui sort du fruit bien mûr. Je lui en place de petits morceaux dans la bouche. Il mange, mais sans exprimer de plaisir fou. Nous le ramenons dans son lit assez rapidement. Est-il content ? Il n'ouvre presque jamais les yeux, et ne peut nous répondre que quelques mots de temps en temps. Nous guettons les mouvements de son visage. Le moindre sourire de sa part nous remplit de bonheur et de tendresse. Malgré l'effroyable de la situation, nous vivons de beaux moments pleins d'amour !

Margot, Adrien et moi préparons une méditation pour lui dire que nous sommes prêts à ce qu'il parte. Adrien suit un cours de taoïsme en ligne sur la mort, Margot lit sur le mourir et l'après-vie, je ne lis aussi que cela... J'ai découvert qu'il y avait plusieurs études scientifiques récentes démontrant l'existence de contacts avec les défunts. Un médecin psychiatre américain induit des communications avec les morts chez ses patients avec un taux de réussite de plus de 90 % grâce à une technique dérivée de l'EMDR. Jean Bernard voulait organiser une conférence et des ateliers avec le Dr Charbonnier qui pratique l'hypnose pour mobiliser la conscience intuitive, et permettre des voyages dans d'autres dimensions. Partout dans le monde, il y a des gens qui travaillent sur la question et qui développent des méthodes de contact. Les scientifiques testent les OBE (sorties hors du corps), les capacités des médiums... C'est assez impressionnant. Mais j'ai beau me dire que Jean Bernard sera accueilli et heureux là où il sera, je ne parviens pas à me faire à l'idée de son départ, je n'arrive pas à m'imaginer ne plus vivre avec lui.

11 septembre. Tant de hoquets cette nuit et dans la journée. Il s'agit d'un symptôme fréquent en fin de vie, nos infirmières tentent de nous rassurer, mais nous aimerions surtout que le médecin de soins palliatifs prescrive de quoi lui assurer davantage de confort. Régurgitation, oreiller inondé, spasmes, crispations et hoquets, ça l'épuise. Par l'infirmière de l'équipe mobile, il nous est proposé de l'Haldol, un neuroleptique qui marche bien pour le hoquet... mais je crains les effets secondaires. Il est déjà assez somnolent comme ça. Fouillant internet, Adrien a découvert que l'huile essentielle de menthe poivrée est réputée efficace. Miracle, ça marche !

Ma sœur est repartie pour Paris, ma mère la remplace. On a besoin d'être toute une équipe autour de Jean Bernard. Rien que pour le faire manger, il faut être deux. Il glisse et ne tient plus sa tête. Après que nous l'avons installé le plus droit possible, ma maman oriente et tient la tête de son gendre pendant que je glisse la cuillère dans sa bouche.

Nous l'installons sur son fauteuil roulant pour prendre l'air dans le jardin. Nous lui lisons les messages de la famille et des amis postés sur Facebook. Parfois, il a l'air de dormir, mais il entend tout et si on lui pose une question, il répond par oui ou par non, ou juste « Ça va ». Nous sommes tous les trois autour de Jean Bernard pour parler de sa mort proche. Michelle s'est assise avec nous. Ma mère s'est approchée aussi. Chacun lui exprime son amour et dit quelques mots plus précis sur ce qu'il lui a apporté au cours de sa vie. Nous lui disons ensemble combien nous aimons vivre avec lui, nous occuper de lui, et que nous le ferons autant qu'il en aurait besoin, mais que nous le laissons partir si tel est son chemin. Michelle évoque alors les étapes du mourir, telles qu'il pourrait les rencontrer, la corde d'argent, le retournement, le tunnel, la lumière, peut-être des êtres qui l'attendraient là-haut... Nous sommes tous familiers de ces concepts lus dans les livres, mais les entendre rappelés au seuil du départ prend une tout autre dimension. Si chaque tradition dit le passage avec ses mots, les témoignages des personnes revenues d'une expérience de mort imminente convergent, même si le chemin de chacun est le sien. Michelle nous interroge : sommes-nous prêts à son départ ? Nous confirmons. Elle s'adresse ensuite à notre homme : « Et toi, Jean Bernard, es-tu prêt à partir ? » Et alors qu'il répondait oui ou acquiesçait d'un signe de tête aux autres questions, Jean Bernard reste totalement immobile et silencieux. Nous comprenons que cela veut dire non. Le moment est d'une grande densité. Nous lui assurons déguster chaque instant passé auprès de lui. Nous ne sommes pas pressés de le voir partir.

Je prépare l'HE de menthe poivrée et l'Haldol. C'est Margot qui est là cette nuit. Elle dort profondément, mais elle se trouve soudain debout à côté de lui pour le mettre en PLS, position latérale de sécurité. Il est en train de vomir et de s'étouffer, les yeux écarquillés de terreur. Margot ne réalise ce qui se passe qu'après coup. Son corps a agi. Comme s'il avait su avant elle qu'il y avait urgence. Même en dormant, son cerveau était désormais programmé pour veiller sur la respiration de Jean Bernard. Il faut dire que nous étions sur le qui-vive en permanence. Nos nuits étaient ponctuées de microréveils de surveillance. Elle lui a sauvé la vie. C'est paradoxal, alors que nous en sommes à l'accompagner vers la mort. Mais on ne pouvait pas le laisser mourir comme ça !

12 septembre. Margot et moi avons peu dormi. Énormément de hoquets cette nuit, au point qu'on lui a donné l'Haldol, hélas resté sans effet. Du coup, on arrête. Il faudra trouver autre chose.

Premier repas du jour : mousse au chocolat et kéfir. Pour son second repas au retour de sa sieste : un carré de chocolat, de la mozzarella, et pain beurre confiture… Bon, je sais, ce n'est pas super équilibré. Mais c'est ce qu'il aime et ce qui passe. Comme ce matin il recrachait son médoc et refusait de boire pour l'avaler, on va passer tout en perfusion. Bonne nouvelle, on arrête l'antiépileptique. Celui qu'il prend n'existe pas en perfusion et les autres sont soit risqués pour son foie, soit complexes à mettre en place, les médecins ont discuté toute la matinée entre eux... Et voilà, on arrête tout simplement.

Nous, on passe à la vitesse supérieure côté huiles essentielles. Coachés au téléphone par Anne-Marie Giraud et Dominique Baudoux (rien que ça), nous sommes équipés pour faire face. Un tour à Aix pour acheter les fioles recommandées et c'est gagné : plus de hoquet. Du coup, c'est plus calme. On lui met de la musique, des huiles essentielles en diffusion, Adrien lui fait un massage, Margot pleure sur son épaule... de bons moments d'amour pur. Jolie journée ! Il sort avec son fauteuil un petit moment. Nous lui lisons quelques textes, Levine, Castaneda et les messages postés sur le Facebook dont il est friand.

Ça y est, ma mère est reconnue comme ayant droit sur l'ancienne tombe familiale au Père-Lachaise. C'est une bonne nouvelle, même si elle creuse une douleur dans ma poitrine, puisqu'elle me fait envisager que l'homme que j'aime y reposera peut-être bientôt. Ça me calme un peu de savoir que nous pourrons être côte à côte là-bas. Que c'est dur de devoir s'occuper aussi de ça. Mais en même temps, mieux vaut avoir le temps et anticiper qu'être pris de court. Maintenant que le bureau des concessions a donné son accord, reste à demander au service de la conservation du Père-Lachaise s'il reste de la place dans le caveau. Mais à l'époque, le nombre de places n'était pas consigné. Il faut mandater une entreprise de marbrerie pour une ouverture préalable afin de voir ce qu'il en est.

Quand le marbrier me demande le nom de la dernière personne enterrée là, je m'entends répondre : Jean-André Cosson, en 1867… Et là, déclic. Je fais le lien avec ce jeune Jean-André, compagnon de chambre qui l'avait tant aidé. Jean-André n'est pas un prénom banal. La synchronicité est forte et je l'entends comme un accord des ancêtres pour y accueillir le corps ou les cendres de Jean Bernard. Dix-huit mois plus tard, lorsque nous ferons une nouvelle demande pour le corps de mon père, je découvrirai qu'en réalité deux autres personnes avaient été inhumées après : Pierre-André en 1889 et Marie en 1896. Mais c'est bizarrement le prénom de Jean-André qui m'a été donné par le service de la conservation ! J'y entends un signe.

Nous avons donc la tombe. Reste à savoir si nous y mettons un cercueil ou une urne. C'est difficile d'en discuter alors que Jean Bernard n'est pas mort ! Et pourtant, il faut se préparer. Nous sommes conscients que l'issue est désormais inéluctable. Adrien n'a pas d'idée arrêtée sur la question. Les deux options lui conviennent. Margot argumente pour la crémation. Elle ne supporte pas d'imaginer le corps de son père se décomposer. J'avoue que cette idée me déplaît aussi. C'est drôle, je n'aurai pas cette image du tout avec le corps de mon père.

Pour ce dernier, la crémation me semblera difficile à imaginer, tandis qu'enterrer le cercueil me paraîtra plus élégant. Comme quoi…

Nous décidons d'aborder la question avec Jean Bernard. C'est difficile évidemment… Nous nous installons sur le lit autour de lui et après quelques paroles préliminaires, j'avance avec précaution :

« Mon amour, au cas où tu n'arriverais pas à guérir… Je n'ai pas envie d'y penser, mais on voudrait savoir, les enfants et moi, si tu as des demandes ? Cérémonie, incinération, enterrement, as-tu des préférences ? As-tu une idée de ce que tu voudrais que nous respections après ta mort ?

— Ça m'est égal… Faites ce que vous voulez. »

Il n'a pas envie d'en discuter. Nous non plus à vrai dire. Vivant, il ne veut pas souffrir. L'après ne lui appartient plus. Ça suffit pour aujourd'hui, la question fait son chemin dans nos cœurs et dans nos têtes.

13 septembre. La nuit est paisible. Presque pas de hoquets, jamais suffisamment pour qu'on lui donne les huiles essentielles... On a bien fait d'arrêter l'Haldol ! L'absence de hoquet est probablement un effet du lavement… En effet, la stimulation anale, donc du nerf vague impliqué dans le hoquet, est une recette efficace et connue. Je l'ai lu (après !) dans un article scientifique. Dommage que ces informations

ne soient pas plus partagées et donc disponibles pour ceux qui en ont besoin.

Quand je regarde le jardin, ce dernier me paraît triste, vide... Et par moments, je me sens habitée d'une grande joie, comme si Jean Bernard était là. Je ne me résous pas à l'idée que cet homme si merveilleux puisse partir. Je me dis que je vais me réveiller, qu'il va guérir, que tout à coup un miracle va survenir, qu'il sera de nouveau à mes côtés, que nous vieillirons ensemble...

Le réparateur du frigo est revenu. Il change une autre pièce.

Ce soir, c'est mon fils qui doit dormir avec moi. Mais il passe d'abord un peu de temps avec Stefanía. À 22 heures, il déboule très alarmé ! En sortant de sa chambre, une forte odeur de gaz ou de brûlé l'a pris à la gorge. Il y a de la fumée partout, pas encore dans la chambre de Jean Bernard. Ce dernier dort. Nous le laissons quelques instants pendant que nous courons fermer les portes de toutes les chambres et ouvrir les fenêtres pour évacuer les fumées. Il semble que la « réparation » du technicien n'ait pas été très efficace ! Nous transférons dans l'urgence le contenu du frigo dans celui de la salle de repas des stagiaires. Ouf. Quelle protection qu'Adrien ait choisi de rester un peu avec sa petite amie avant de descendre ! J'ai eu du mal à me rendormir.

14 septembre. Jean Bernard est dans son immense fauteuil payé par la sécu et livré aujourd'hui. Comme il ne peut plus tenir assis sans soutien, ce fauteuil-coquille bien rembourré est censé le maintenir, mais il nage dedans. Il n'y avait plus que ça en stock pour une livraison rapide et nous n'avons pas plusieurs semaines devant nous. Nous le calons à l'aide de coussins pour qu'il ne glisse pas. Nous sommes dans le jardin à la tombée de la nuit. J'ai demandé à ses amis de poster sur Facebook des témoignages descriptifs et concrets de ce que Jean Bernard leur a apporté au cours de sa vie. Je lui lis les messages. Il est content de réaliser tout le bon qu'il a semé. La journée passe vite. Darty appelle, le réparateur n'a fait qu'aggraver la panne. Ils procèdent à un échange standard, un nouveau frigo arrivera lundi… Je n'ai pas vraiment besoin de ce souci supplémentaire… Question stress, j'ai déjà ma dose !

15 septembre. Les enfants ont assuré ensemble la nuit auprès de Jean Bernard pour me permettre de me reposer. J'ai réussi à bien dormir dans ma chambre malgré quelques réveils. Carole est venue pour le week-end. Nous décidons de donner une douche à notre homme. Quelle expédition ! Il ne tient plus du tout debout, ne maîtrise plus ses membres. Ses mains se replient sur elles-mêmes. Il ne tient plus sa tête. Et en même temps, son corps se rigidifie, ses membres se raidissent tant qu'il est

compliqué de lui plier une jambe. C'est très impressionnant et qu'est-ce que ce doit être dur pour lui depuis l'intérieur. Une fois assis sur le tabouret de douche, l'eau est froide, puis brûlante... Il n'y a plus d'eau froide... Nous jonglons tant bien que mal. Pourquoi le mitigeur est-il en panne ? Deux ans plus tard, le plombier découvrira qu'un robinet d'arrivée d'eau froide dans l'entrée était fermé. Pourquoi ? Mystère.

Il ne parle presque plus, juste « Oui », de temps à autre. On ne sait donc pas vraiment ce qu'il expérimente. Parfois, on lit des émotions sur son visage, mais nous n'avons pas les détails... Épuisé après la douche, il s'endort rapidement. Merci à la force d'Adrien qui a pu le déplacer du lit au fauteuil roulant, puis sur son siège de douche et retour, fauteuil roulant et lit. C'est bon d'avoir un garçon super costaud ! Et si tendre et attentionné ! On dirait qu'il a fait infirmier toute sa vie.

Plus tard, dans la journée, Jean Bernard mange avec un plaisir manifeste et nous écoute vivre, parler et lui lire des textes. Quand je le vois ouvrir les yeux et déguster son repas, j'ai l'impression que le miracle de la guérison s'opère. Mais il a les yeux fermés 98 % du temps et ne communique plus guère.

16 septembre. Quand nous transférons Jean Bernard de son lit jusque sur son fauteuil roulant,

Margot lui dit d'un ton compassionnel : « Papou, t'es tout tendu ! » À quoi il répond : « C'est tendant. »

Sûr que c'est tendant, cette maladie, cette fin de vie et la visite qu'il attend aujourd'hui : son ami, qui a été l'amant de sa première femme, a fait l'aller-retour depuis Paris pour le voir et en parler avec lui. Jean Bernard désirait cette rencontre, ils se l'étaient promis quelques mois avant la maladie et puis ça ne s'était pas fait. *In extremis* avant que son ami ne parte pour toujours, l'amant repenti vient mettre des mots sur la trahison, déposer son fardeau et restaurer leur relation. Il arrive pendant que Margot donne à manger à son père. Elle avait rapidement fait sauter quelques champignons et des épinards, plongés des shiratakis dans l'eau pour finir avec le rituel yaourt coco agrémenté de framboises fraîches. Elle était si épuisée ce jour-là qu'elle n'avait pas eu l'énergie de faire plus. Plus tard, elle me confiera ses frustrations. Elle aurait voulu cuisiner quelque chose de plus élaboré pour ce qui sera le dernier repas de son papa. On voudrait toujours avoir fait plus… En réalité, on aurait surtout aimé pouvoir le guérir. Mais non. Il nous faut accepter ce qui est.

Nous laissons seuls les deux amis qui ont des choses à se dire. Même si Jean Bernard n'a plus guère de capacités de s'exprimer, je suis certaine qu'il entend. Je pense que désormais toutes les gestalts sont closes, toutes les affaires en suspens sont achevées, au moins toutes celles dont j'avais connaissance. Elisabeth Kübler-Ross a bien montré l'importance de boucler, de terminer, de clôturer ce qui ne l'était pas. Jean Bernard va pouvoir partir en paix. Le médecin a prescrit du Rivotril. L'infirmière l'ajoute à la perf du soir. Ça le shoote fort, mais c'est la seule façon de diminuer ses clonies (contractions musculaires rapides involontaires) et la raideur de ses muscles. Notre infirmière est fabuleuse. Elle passe déjà trois fois par jour et ce soir elle est revenue encore deux fois. À 22 heures, je la rappelle encore.

17 septembre. Livraison du nouveau frigo… On peut remettre les denrées dans la cuisine. Heureusement que nous avions un frigo de secours pour les salariés et les stagiaires dans l'espace professionnel. Ça nous a bien dépannés.

En fin d'après-midi, on reçoit enfin les seringues électriques, tout un dispositif qui permet de libérer lentement le Rivotril pour les spasmes et l'épilepsie, plus la morphine pour qu'il ne souffre pas. Le médecin de soins palliatifs devait passer aujourd'hui, mais il ne viendra que le 19. Décidément, il n'est guère présent, celui-là !

Nous avons de plus en plus de mal à enfiler son tee-shirt à Jean Bernard. Et puis ça fait des plis qui le gênent. L'infirmière nous donne l'idée de couper le tissu dans le dos, pour pouvoir le lui enfiler par-devant, comme les chemises d'hôpital.

Ce soir, Adrien nous propose un rituel taoïste. Karina, Margot et moi nous plions à ses consignes. Nous nous plaçons en cercle autour de Jean Bernard. Il ne nous voit plus. Nous pensons qu'il nous entend encore, mais il ne réagit plus. Gestes, respirations, visualisations pour trois étapes : protection, nettoyage, alignement... Nous sommes concentrés, attentifs, coordonnés. Ça nous fait du bien de faire quelque chose, d'agir ensemble.

18 Septembre. Quelle chance nous avons de pouvoir nous rendre disponibles en famille autour de Jean Bernard. Nous nous le répétons sans cesse, éblouis. Mon activité me le permet. Quand je pense aux salariés qui ne peuvent quitter leur travail pour accompagner leur conjoint en maladie ou en fin de vie... J'espère que la rémunération d'un congé pour accompagnement de fin de vie sera votée et qu'elle sera suffisamment conséquente. Margot et Adrien peuvent aussi se permettre cette parenthèse, cette plongée dans l'existentiel. Adrien vient de terminer ses études et Margot avait décidé de revenir s'établir en France après huit ans à l'étranger. Depuis qu'ils sont petits, Jean Bernard et moi leur enseignons à se poser régulièrement deux questions : où est-ce que je me sens à ma place ? Qu'est-ce que je risque de regretter ? J'admire mes enfants, l'intensité de leur présence auprès de leur papa comme de moi, leur immense compassion, leurs regards si aimants, leurs

gestes si tendres, leurs émotions si franches, leur hallucinante disponibilité à ce qui se passe. Merci. Merci à tous les deux. Merci à toi, Jean Bernard, pour ces deux fabuleux enfants, héritiers de ta bonté et de ta philosophie de vie, de ton enthousiasme aussi, de ton goût d'apprendre. Merci la Vie et chapeau pour le timing.

Au cours du repas que je prends avec les autres dans la véranda, je confie : « Quelle chance on a, c'est merveilleux ce qu'on vit ! Oui, il n'y a pas que le versant souffrance. Nous vivons aussi beaucoup d'amour et de beauté. »

Jean Bernard est assez calme maintenant, il ne peut plus guère bouger seul. Ah si, il ferme ostensiblement les lèvres quand on tente de glisser une compresse mouillée dans la bouche pour l'hydrater... Comme il ne mobilise plus ses jambes, nous massons ses pieds régulièrement pour éviter les escarres. Il ne parle plus du tout, ne répond plus à nos bisous avec ses lèvres comme il le faisait jusqu'à hier matin.

J'ai rassemblé les réponses des pompes funèbres. Reste à prendre les décisions. Crémation ou inhumation, et où ? Je recueille les avis de chacun. Le père de Jean Bernard préfère l'inhumation. J'en discute avec Margot et Adrien. Depuis le début de la maladie, tant pour les traitements que pour la nourriture et tout ce qui concerne l'accompagnement de Jean Bernard, nous écoutons les idées et sentiments de chacun et nous faisons ensemble les choix. Je reste en charge, bien sûr, je suis la mère, mais c'est important pour moi que les enfants aient leur place auprès de leur père. C'est mon mari et c'est leur papa. Leurs sentiments sont importants. Parler des funérailles est douloureux, ça prend du temps. Nous avons cette chance d'avoir ce temps pour sentir ce que chaque option fait en nous et pour changer d'idées plusieurs fois. Comment fait-on quand le décès est brusque ?

Nous évoquons les souvenirs que nous avons des désirs de Jean Bernard ainsi que nos sentiments respectifs. Jean Bernard et moi en avons régulièrement parlé au cours de notre vie commune, avec des conceptions évolutives et changeantes. La crémation… oui, pour l'écologie, pour ne pas encombrer les cimetières. Puis la nécessité de pouvoir se recueillir sur une tombe nous était apparue suite à l'expérience d'une amie dont les enfants avaient disparu dans un incendie. On pouvait déposer les cendres autour d'un arbre… Oui, mais si un jour on n'a plus accès au terrain sur lequel on a versé les cendres ? Les cimetières, eux, restent. Nous étions d'accord sur une chose, il fallait un lieu de recueillement. Nous avions pensé, Jean Bernard et moi, nous faire enterrer tous deux dans le cimetière paysager du Grand Saint-Jean, tout près de chez nous. Mais mon amoureux au seuil de la mort, je ne pouvais m'imaginer le voir enterré là. Je ne savais pas si je resterai ou non à Aix. Nous y vivions depuis près de dix-sept ans, mais notre camp de base était Paris.

Lui et moi y étions nés, y avions passé la majeure partie de notre vie. Le père de Jean Bernard m'a dit qu'il y avait de la place au cimetière Montparnasse dans la concession familiale des Fried. Mais je ne pouvais m'y résoudre. Trop plat, trop rectiligne, trop cimetière. Mon amoureux aurait été trop mort. Et puis, je ne me voyais pas enterrée un jour à Montparnasse. Or je voulais que nos corps reposent un jour côte à côte.

Et Jean Bernard, que voulait-il ? L'année précédente, Adrien avait proposé une soirée de partage autour de la mort. Ma mère était présente aussi. Nous avions parlé des conditions de notre mort, de ce que nous voudrions chacun après. Ma mère a dit qu'elle avait prévu d'être enterrée avec Rémy au cimetière de Valenton, le seul à l'époque qui acceptait les cercueils en carton. Jean Bernard et moi avions évoqué le cimetière du Grand Saint-Jean, mais sans certitude. En revanche, nous voulions aussi un cercueil en carton. Pas seulement parce que c'était écolo, mais parce qu'ils étaient particulièrement beaux. C'est mon père qui nous avait fait découvrir ces cercueils originaux. Il avait choisi le sien de longue date et en avait envoyé une photo à toute la famille, en précisant « Je veux ça » : un splendide cercueil blanc orné d'un coquelicot rouge. Jean Bernard avait dit que lui voudrait un lotus.

Nous voulons donc un cercueil en carton orné d'un lotus. Fabricant trouvé et renseignements pris, en France et en tout cas au Père-Lachaise, ce cercueil ne peut pas être enterré. Il est destiné à la seule crémation. J'apprends par ailleurs qu'il n'y a plus de place pour un cercueil dans la concession familiale, en revanche, on peut toujours y placer une urne. Plus de choix donc, ce sera une crémation. C'est horrible de chercher une urne, et en même temps nous la voulons belle. Margot et moi retournons internet pour en trouver une suffisamment originale et qui lui ressemble. C'est si douloureux de penser à tout ça alors qu'il est vivant. Et en même temps, il faut bien y penser...

En attendant, place à la tendresse partagée. Le soir, nous réinstallons les matelas au sol. Margot dépose une goutte d'huile essentielle de Rose de Damas sur l'intérieur du poignet de son papa et dodo !

19 septembre. Journée calme. On s'installe dans la durée. On prend nos marques, nos habitudes, on est plus organisés... et puis, comme il ne mange ni ne boit plus, ça fait moins de travail. Il ne cherche plus non plus à sauter du lit pour aller aux toilettes ou arracher sa sonde. La surveillance est donc moindre. On est plus disponibles pour les échanges affectifs, les massages, la tendresse.

Revenue à nos côtés, Karina chante à son chevet de sa voix sublime, alternant chant lyrique et récitations chantées de la liturgie tibétaine. Pendant ce temps, allongée sur le canapé près de la piscine, je regarde avec mon fils un de ses cours en ligne. Aujourd'hui, c'est sur les étapes de l'enfer taoïste. Nous découvrons tout un monde ! Quels détails, quelle finesse psychologique ! On rigole beaucoup.

Le médecin de l'équipe mobile passe enfin voir son mourant. Il le regarde un peu, sans l'ausculter, et le trouve plutôt bien. Oui, c'est vrai, il est mieux aujourd'hui.

Ça y est, tout est à peu près décidé pour les funérailles. Nous avons choisi et commandé une urne écolo et très belle en bois trouvée sur un site canadien. Les urnes proposées en France sont trop tristes, trop laides, trop funéraires. Le bel objet est posté en urgence par les Canadiens pour arriver à temps. Hélas, pour des raisons qui échappent à l'entendement, l'urne restera bloquée en douane, longtemps, trop longtemps. C'est arrivé si souvent à Jean Bernard qui faisait de l'import que nous y verrons un clin d'œil ! C'est donc avec tendresse que, le jour de la cérémonie, nous considérerons la petite pyramide en bois fournie en urgence par les pompes funèbres – on s'adapte… –, notre belle urne écolo, elle, sera rangée au grenier. Élégance rare, les Canadiens nous rembourseront.

J'ai choisi le prestataire des pompes funèbres, pas le moins cher, mais celui qui m'a parlé avec le plus de cœur, celui qui a su se montrer le plus professionnel. Au début, j'avais naïvement pensé qu'on pourrait placer le corps de mon amour dans son beau cercueil Lotus à Aix, que nous pourrions le veiller un jour ou deux, puis qu'il partirait pour Paris de manière à ce que sa famille parisienne puisse lui faire un dernier adieu. Mais non, j'apprends qu'il est impossible de rouvrir un cercueil fermé. Des scellés sont d'ailleurs posés par des officiels. Ça aurait été vraiment compliqué pour Gérard, pour Carole, de venir à Aix… Je ne peux envisager que son père, sa famille, ne puisse le voir une dernière fois. Nous optons donc pour un transfert en fourgon réfrigéré et une mise en bière à Paris. Je suis pétrifiée de m'occuper de tout cet après, alors que nous sommes encore avant. Je sais, je sens que la mort est proche. J'ai peur. Margot et Adrien dorment désormais tous les deux avec moi, avec leur père. Les infirmières doivent enjamber les matelas le matin en arrivant quand nous sommes tous encore plus ou moins endormis. Elles ne râlent pas. Elles sont plutôt contentes de les voir si présents eux aussi, tant pour Jean Bernard que pour moi.

20 septembre. Une larme perle au bord de son œil droit... déclenchant les miennes. Cette larme répond à mes mots quand je lui dis combien jusqu'au bout il aide son fils, le soutient et l'encourage, lui trouve des opportunités. En effet, Adrien assiste ce soir à une réunion en vue d'un travail proposé par un ami de Jean Bernard. Nous vivons un moment d'intense

partage intime. Ça flambe dans mon cœur. C'est bon cette brûlure d'amour, ce feu qui irradie et diffuse dans tout le corps. Le visage de Jean Bernard, c'est ma télé. Je le regarde et ça me remplit. La même sensation que lorsque je contemplais mes enfants nourrissons pendant des heures... Je contemple la Vie, je baigne dans l'Amour. Ses joues se creusent, ses jambes deviennent si fines... mais il semble paisible la plupart du temps. Nous nous occupons de son corps physique. Quelques amis sont venus lui faire leurs adieux, lui dire quelques mots à l'oreille. Il ne répond plus, mais entend (parfois).

En cherchant des papiers, nous avons trouvé ses cahiers de voyage et les journaux qu'il tenait dans sa jeunesse. Margot est impressionnée par la vision et la sagesse qu'il avait à dix-neuf ans. Elle est touchée par son désir de comprendre le monde et d'aider les autres. Au chevet de son papa, elle lui lit un passage où il décrit l'homme qu'il voulait devenir. Elle veut qu'il sache qu'il a réalisé ses belles idées de jeunesse sur l'amour, la famille, l'amitié, la relation à l'autre. Dans ses cahiers, on lit une urgence à grandir, apprendre, se transformer, se libérer de ses peurs, de ses blocages, de ses limites… pour devenir un homme bon, qui fait du bien au monde. Il l'est devenu.

« Tout est bien, tout est juste. » Cette phrase qu'il a répétée si souvent depuis le début de la phase palliative résonne à nos oreilles.

21 septembre, 2 h 10 du matin. Réveil brutal. Le hoquet est revenu en force. Et puis surtout, il fait des gargouillis, respire fort et vite, il semble encombré et son oreiller est tout mouillé. Nous appelons l'infirmière. Vite arrivée, elle rassure : ce n'est pas grave, juste de la salive qu'il peine à avaler... Mais son cœur bat vite et il a 38 °C de fièvre... Elle ne repart qu'à 3 h 20 après lui avoir passé le Rivotril... Quel métier, quel dévouement ! Il est apaisé, endormi, mais continue à hoqueter et à émettre de petits cris involontaires.

7 h 30. Jean Bernard ne parle quasiment plus, mais quand l'infirmière se penche vers lui pour lui dire bonjour, il prononce son prénom « Florence ». Il l'a reconnue ! Nous mesurons notre immense chance d'avoir rencontré ces infirmières. Expertes toutes deux, excellentes professionnelles, elles sont pleines d'empathie et de passion pour leur métier. Et surtout, elles assurent une continuité si essentielle et pourtant impossible dans un service HAD traditionnel tel qu'ils sont organisés à l'heure actuelle.

Elles parlent beaucoup entre elles, elles forment une équipe soudée. Je comprends que dans un service d'HAD, il ne soit pas simple d'organiser les roulements, mais pour assurer un sentiment de sécurité tant au patient en fin de vie qu'à son entourage, une continuité de personne est tellement fondamentale.

Ça bouscule les plannings, les horaires peuvent être chaotiques, mais ça donne du sens au métier.

Cœur : 107 battements par minute, tension 11,7. SAT 88... C'est bas.

Ce vendredi 21 septembre est une journée terriblement éprouvante. Jean Bernard souffre manifestement et a du mal à respirer. Nous nous bagarrons tour à tour, les infirmières et moi, au téléphone avec l'équipe mobile de soins palliatifs qui ne semble pas mesurer l'urgence. Par le truchement de son infirmière coordinatrice, qui fait tampon plutôt que coordination, le médecin ose dire que Jean Bernard allait bien le mercredi précédent ! Décidément, il faut que les mourants se conforment à son agenda à lui ! Ils ne sont pas censés dégringoler trop vite si ça ne tombe pas dans ses horaires. Lorsque je réussis enfin à lui parler en direct, il continue de refuser de prescrire de l'Hypnovel, mais accepte d'augmenter un peu les doses de morphine et de Valium, mais encore insuffisamment.

Jean Bernard commence une respiration buccale typique, paraît-il, de la fin de vie. C'est très impressionnant, je n'avais jamais vu ça. Les infirmières me disent qu'il n'en souffre pas… La respiration sonore, le râle de fond de gorge est difficile à soutenir. Il faut maintenir l'humidité de la bouche. Mais nous n'avons ni eau gélifiée ni bâtonnets pour les soins de bouche. Là encore, nous achetons en urgence. Du fait de la mauvaise volonté du médecin de l'équipe territoriale de soins palliatifs, tout ce qui devait ne pas se produire est arrivé. Le blocage des urines puis des selles, le hoquet, la sécheresse buccale, la souffrance de l'agonie.

Les hoquets continuent, les huiles essentielles ne sont plus efficaces, le Rivotril insuffisant. Margot lui fait un massage des pieds avec l'huile CBD.

Nous avons beau donner à Jean Bernard l'autorisation de partir, l'inviter à s'élever au-dessus de son corps, lui lire des textes sur le chemin, on ne peut mourir sur commande. Nous réalisons que nous en faisons peut-être un peu trop à l'inciter ainsi à partir vers la lumière alors que lui n'est peut-être pas prêt... C'est sûr, nous aimerions qu'il cesse de souffrir dans ce corps. Mais nous n'avons pas à faire pression, le moment de la mort n'est pas sous notre contrôle ni sous le sien. Nous avons juste à accepter de vivre ce qui nous est proposé. Nous le faisons avec le plus d'amour possible. Nous diffusons de l'huile essentielle de nard de l'Himalaya, tant pour l'accompagner que pour masquer l'odeur de son haleine qui commence à envahir l'espace.

Comme cela est préconisé dans le *Bardo-Thödol*, Le livre tibétain des morts, nous l'entourons d'une énergie douce pour l'aider à s'élever hors de son corps, mais sans plus exagérer. Nous prenons soin de son enveloppe corporelle et méditons autour de lui chacun dans sa tradition et à sa façon : bouddhisme tibétain pour Karina, taoïsme pour Adrien, silence et vibrations d'amour pour Margot et syncrétisme opportuniste pour moi. Je ne sais plus trop où j'en suis.

22 septembre. Il a les yeux grands ouverts et un corps hyper tendu, rigide et dur. Sa respiration est rapide et saccadée, difficile. Je ne m'habitue pas au râle sortant de sa bouche ouverte.

Désespérée de voir mon mari souffrir et devant l'absence de réponse appropriée de la part de l'équipe territoriale, je contacte l'hôpital de la Timone. Ils sont stupéfaits, mais nous disent ne pas pouvoir (vouloir ?) passer « par-dessus » le médecin de l'équipe mobile. Je pense à la Maison de Gardanne...

Je vois le magnifique tableau bleu qui trône devant le bureau de Jean Bernard. Il l'a acheté à une de nos amies, peintre talentueuse. Elle est aussi infirmière, je sais qu'elle a travaillé assez longtemps à Gardanne. Je l'appelle. Elle réagit immédiatement. Vers 21 heures, le directeur de la Maison appelle nos infirmières. Un amour d'homme à la voix empathique, ça nous change de la froideur de notre médecin territorial. Il confirme que le protocole choisi par ce dernier est bon, mais largement sous-dosé. Le médecin de garde de Saint-Thomas suit ses recommandations et prescrit ce qu'il faut (ouf, ce n'est pas notre « officiel » qui est de garde !). L'infirmière vient à minuit et demi administrer les doses prescrites dans la perf. De mon côté, j'ai la mission de lancer les bolus de morphine. Il me faut me réveiller toutes les deux heures, me lever, contourner le lit, trouver le bouton dans la semi-obscurité et d'une petite pression lancer le bolus, c'est-à-dire en quelque sorte ouvrir le robinet pour l'envoi de la dose prédéfinie et gérée par l'appareil. Mon amoureux ferme enfin les yeux un peu avant 1 heure du matin. Vers 4 heures, le râle de fond de gorge cesse. Il respire toujours très vite bien sûr, mais il est enfin apaisé. Il va pouvoir s'acheminer vers son départ.

23 septembre. Il ne parle plus. Il ne réagit plus ou si peu. Il conserve les yeux fermés. Ses extrémités sont froides. Il ne bouge plus les doigts. Ses mains ne réagissent plus. Il est encore là, je le sens, mais c'est comme s'il avait déserté son enveloppe corporelle. C'est Hélène qui est là ce matin. Je lui dis : « Il n'est plus là. » Hélène et moi lui parlons en levant les yeux comme s'il était dans l'espace autour de nous. Elle appose délicatement de la pommade à la vitamine A sur ses lèvres.

Durant la journée, je me concentre sur les soins de bouche, qu'il ne ferme plus du tout. La muqueuse se durcit, sa langue se cartonne. Il ne faut pas lui donner d'eau à la cuillère, il ne sait plus déglutir et risquerait une fausse route. Quand j'utilise le brumisateur, il grimace, et là aussi une petite pression, pas plus, sinon il y a trop d'eau dans la bouche, qu'il ne sait plus avaler. Régulièrement, j'humidifie comme je le peux à l'aide de bâtonnets trempés dans de l'eau. Mais je ne trouve pas cela très efficace. Je pense alors au bouillon de poulet. J'ai souvent observé que ça hydratait bien mes lèvres. Depuis que j'ai découvert le travail de la neurologue et endocrinologue Natasha Campbell Bride, je fais régulièrement du bouillon de poulet bien gras et j'en ai toujours au congélateur. Ça fonctionne bien, mes incursions dans sa bouche se révèlent moins inutiles. En écrivant ce livre, une exploration sur internet me permet de découvrir qu'il s'agit d'une recommandation de la HAS. Pas le bouillon de poulet, mais du gras ! J'aurais tant aimé avoir toutes ces informations avant pour ne pas avoir à réinventer des trucs dans la panique. Cette idée de bouillon de poulet m'est apparue, mais il y a tant de choses que j'ai loupées parce que je ne savais pas.

Son haleine est devenue irrespirable, envahissant toute la pièce. C'est vraiment dur, on a envie d'être là avec lui, mais l'odeur devient difficile à supporter. On diffuse des huiles essentielles en continu et on se surprend à respirer par la bouche pour ne pas être trop incommodé. Le jour, on aère beaucoup, mais la nuit on ne laisse pas la fenêtre grande ouverte pour ne pas avoir froid. Dans un ouvrage, j'ai lu ces mots : « De sa bouche sortait une odeur de mort. » C'est ça. Je n'y avais jamais pensé, mais c'est logique. Il n'a pas mangé depuis plusieurs jours et c'est en train de se putréfier à l'intérieur. J'ai besoin d'un peu d'air et je suis épuisée. Pour manger, soit on m'apporte un plateau, soit je vais me servir et je reviens manger dans la chambre que je quitte rarement. Mais ce soir, j'ai besoin d'espace, de respirer un peu loin de lui. Je vais dîner à table avec toute l'équipe du back-office pendant que Karina assure la permanence auprès de Jean Bernard. Je raconte ma fatigue, mon épuisement, mon désarroi, je partage mes doutes, je ne sais pas comment je vais pouvoir passer cette nuit. Me réveiller toutes les deux heures pour le bolus de morphine fractionne mon sommeil, j'ai du mal à récupérer. Entre la fatigue et l'odeur qui devient irrespirable, je craque. Je reste un peu plus longtemps que d'habitude à table. Après avoir sangloté, je me sens mieux, revigorée. Ces larmes d'épuisement avaient besoin de sortir et d'être entendues.

Rechargée, je retourne dans la chambre, vite rejointe par Margot et Adrien pour que nous nous organisions pour la nuit. Nous nous installons près de lui, côte à côte, ensemble... D'abord un temps de méditation pour s'accorder. Puis nous discutons de qui va dormir là. Je sens mes enfants solidement à mes côtés, attentifs et soucieux pour moi. Ils me proposent d'assurer la nuit à ma place, mais je préfère rester. Pleurer m'avait fait du bien, maintenant, je peux affronter la nuit. Je ne veux pas infliger à mes enfants le bolus de morphine toutes les deux heures. C'est fatigant, mais j'ai pris le rythme et c'est ma place. Mon ordinateur ouvert sur le lit, je commence à écrire le journal du jour pour le groupe Facebook.

Jean Bernard est en position semi-assise. Ça n'a pas l'air très confortable pour dormir. Et puis ça doit lui faire mal au dos. Il respire toujours de sa respiration buccale saccadée. Avec la télécommande, nous descendons la tête du lit. Dès qu'il est en position plus horizontale, il cesse de respirer. Paniqués, nous le relevons en vitesse. Il inspire… ça repart. Ouf… Nous nous regardons… Euh, nous attendons qu'il meure depuis plusieurs jours. Difficile d'être plus préparés, et pourtant, sa mort nous prend au dépourvu ! Nous voulions être présents lors du passage, et nous paniquons dès qu'il cesse de respirer ? Le pauvre, on n'est pas prêts… Bon, on ne veut pas que ce soit parce que nous l'aurions allongé.

La respiration ayant repris, je me remets sur mon ordinateur. Mais Adrien, extrêmement vigilant, me souligne que ce n'est pas le moment. Merci mon fils. Oui, Jean Bernard est en train de mourir. Je lâche le Facebook pour me concentrer sur l'instant. Doit-on lui caresser le bras, lui prendre la main ? Il ne faudrait pas que notre geste soit une stimulation qui le fasse rester. Mais il faut qu'il nous sente à ses côtés. Conscients qu'il pouvait choisir ce moment-là pour partir, tout à la densité de l'instant, nous lui parlons. Nous lui exprimons tous les trois combien nous l'aimons chacun, et nous lui précisons que nous avons confiance en lui, que nous savons qu'il saura mourir et trouver le chemin vers la lumière. Nous savons que ces mots de confiance sont importants pour lui, alors nous les lui répétons. Puis nous faisons silence en le couvant du regard. Rien ne bouge sur son visage. Il est assis un peu en arrière, les deux bras le long du corps déjà durs et sans vie. Il inspire, il expire, ça s'arrête… nous suspendons nous aussi notre respiration. Les pauses respiratoires sont de plus en plus longues. Il aspire l'air à nouveau… il expire… Plus rien ne bouge. Il cesse de respirer à 20 h 52.

Sur l'instant, nous sommes juste pétrifiés. Attentifs à ce qu'il se passe… Je n'ose pas le toucher. Margot gémit « Papa, papa… » et sanglote sur lui en lui tenant la main. Elle voudrait tant une respiration de plus… au moins une… Scotchés par l'indicible, l'inconcevable, chacun pris par son expérience intérieure, nous sommes tous les trois autour de lui. Soudain une fascinante sensation me prend le cœur. C'est indescriptible… Je regarde les enfants. « Vous sentez ?

— Oui. »

Nous nous regardons.

« C'est rond.

— Chaud.

— Dans la poitrine. »

Chacun dit un mot à son tour et nous réalisons que nous éprouvons quelque chose d'absolument unique : quelque chose de rond, de chaud, incroyablement tendre, comme une pression. Une sensation qu'aucun de nous trois n'a jamais éprouvée auparavant. Ça fait comme une boule d'amour dans le cœur. Comme s'il nous donnait de l'amour en partant. Nous restons quelques minutes ainsi, fascinés et interdits. Puis nous réalisons que c'est terminé.

« Papa, t'es mort, c'est bizarre ! » Oui, c'est bizarre. On ne peut plus bizarre. Margot répète ces mots dans une irrépressible litanie. Il faut prévenir les autres, ceux qui sont présents dans la maison, ma sœur, le mari de Margot et la petite amie d'Adrien. Je me mets en quête de mon téléphone pour appeler l'infirmière. Quelques minutes plus tard, nous nous retrouvons tous les trois blottis sur le lit à côté de Jean Bernard lorsqu'une voiture arrive sur le chemin. Adrien lance : « C'est Darty ! » Nous éclatons de rire. Un rire de libération de tension, un rire qui raconte les épisodes de l'épreuve traversée, un rire qui parle de notre solidarité face à ce qui se déglingue dans notre existence. C'est évidemment Florence.

Arrivée très vite, notre infirmière fait ce qu'elle avait dit qu'elle ferait, elle prend tout en charge… Mettre la mentonnière pour que la bouche reste fermée, ôter la perf et la sonde, ranger tout le matériel médical, et appeler le médecin pour qu'il vienne constater le décès. Nous pouvons rester plongés dans l'émotion de l'instant, elle nous décharge de tout ce qu'il y a à penser et à faire. Margot et Chris, Stefanía et Adrien se réfugient tous les quatre sur le canapé du salon, serrés les uns contre les autres.

J'envoie quelques SMS à nos proches et poste la douloureuse nouvelle sur le Facebook. Le médecin de garde arrive et constate. Sur cette table qui a vu le dernier repas de sushis, il remplit le certificat de décès. Prévenues, les pompes funèbres annoncent que les thanatopracteurs viendront au petit matin. Nous allumons la clim dans sa chambre pour le maintenir au frais comme ils l'ont recommandé. Nous avons la nuit pour le veiller.

Comment passer cette nuit ? Impossible de le laisser mort seul dans sa chambre. Impossible aussi de dormir avec le cadavre. L'équation est insoluble. On ne veut ni le laisser ni dormir avec lui. Les enfants ne veulent pas me laisser seule et je ne le souhaite pas non plus. Il est parti, son corps est là, nous voulons le veiller et rester groupés comme pour nous rassurer face à l'adversité. Nous optons finalement pour installer des matelas au sol dans la pièce adjacente. Les garçons rapportent tous les matelas de la maison pendant que nous poussons la table des sushis et tentons de réaliser un Tetris géant pour faire un grand lit au sol. Matelas, oreillers, couvertures et couettes, mouchoirs… À 2 heures du matin, nous sommes enfin prêts pour la nuit. Margot est à ma droite, Adrien sur ma gauche. Chacun son partenaire à côté de lui. Matelas côte à côte, mes enfants m'entourent physiquement et affectivement.

La nuit est entrecoupée de réveils… Un fantôme… Non, deux fantômes ! Ce sont Adrien et Stefanía qui rentrent après être sortis un moment.

Courte nuit. Au petit matin quand j'ouvre les yeux, Margot a disparu. Elle est déjà auprès de son papa, elle a besoin de temps avec lui avant l'arrivée des thanatopracteurs. « C'est bizarre, papa. C'est trop bizarre. » Les pompes funèbres arrivent. En sus des vêtements, nous leur confions son chapelet bouddhique à glisser dans sa main.

Dans la cuisine, je hurle.

Épilogue – La chance

Voici un texte sur la chance, écrit par Jean Bernard un an avant sa mort, en septembre 2017. Ce texte dit sa conscience, ses valeurs, son engagement à profiter positivement de tout, à être tourné vers les solutions, son optimisme… et il les aura mis en pratique tout au long de son parcours, jusqu'à son dernier souffle.

Élisa gagne au Loto : est-ce de la chance ? Pierre apprend qu'il a un cancer incurable : est-ce de la malchance ? D'un point de vue phénoménal, on peut dire que oui : les dés tombent sur les bonnes ou « mauvaises » faces, ce qui correspond bien à l'origine du mot « chance », en vieux français « cheance » ou « cheoir » pour désigner la façon dont tombent les dés. D'un point de vue cosmogonique, ces évènements ne sont que des singularités dans une dimension spatio-temporelle, au même titre que les trous noirs sont des « anomalies » dans notre structure newtonienne. Pourquoi un trou noir apparaît-il dans une zone donnée de notre univers ? Eh bien, pour la même raison qu'Élisa gagne au Loto et Pierre risque de mourir rapidement. Bien sûr, tout le monde a envie d'avoir de la chance, et fondamentalement nous sommes tous des gagnants de la grande loterie de la vie, puisque nous sommes issus du seul spermatozoïde lauréat sur des centaines de millions de participants ! D'un côté, nous avons une chance phénoménale d'exister et de l'autre côté, la vie nous confronte à de nombreuses malchances telles que les maladies, la perte de l'autre, la mort… C'est une dualité permanente entre joies et souffrances, bonne santé et maladie, amour et haine, vie et mort. Dès la naissance, la différence se fait sentir : on peut naître en bonne santé dans une famille aisée pleine d'amour, dans une société tolérante ou en mauvaise santé dans un environnement familial et social épouvantable.

La chance phénoménale dépend du curseur de la roue de la Fortune : on lance la roue, mais on ne sait jamais où elle va s'arrêter. Elle est indépendante de nos actions, de nos pensées ou de nos prières. La chance cosmogonique existe intrinsèquement dans tous les événements de notre vie. Churchill disait : « La chance n'existe pas. Ce que vous appelez chance, c'est l'attention aux détails. »

Alors, revenons aux origines de notre univers pour démêler cet écheveau de détails qui constitue notre vie.

Au début (tout en sachant qu'il n'y a pas de début mais un mouvement cyclique sans commencement ni fin), l'univers s'est effondré dans un gigantesque trou noir. Cela prit du temps, mais tout est revenu à la dimension zéro : plus de matière ni de temps, mais de l'énergie et de l'information concentrée à un niveau qui défie l'imagination. De ce trou noir est née une fontaine blanche qui contenait de nouveau tout l'univers. D'un point de vue mathématique ce point sans temps ni matière peut correspondre à zéro puissance zéro (00) : une impossibilité mathématique, mais comme les lois mathématiques ne s'appliquent pas encore à la création de la fontaine blanche, tout va bien :)

Et puis, il y a eu l'explosion de l'information primordiale : du néant (ou du tout) sont nés la lumière et les photons ; de la lumière sont nés la matière et les électrons ainsi que le temps et les secondes. La matière est constituée de particules élémentaires (électrons, protons, quarks, bosons…) qui sont intrinsèquement liées aux photons et qui proviennent tous deux de l'information.

Photons, électrons, matière, temps ne sont que des outils permettant à l'information de se structurer et de se propager. L'information est un mouvement, une énergie qui ne peut rester statique. Cette information de base existe en chaque élément en permanence.

Notre vie actuelle, notre corps, notre univers ne sont que le résultat de la structuration de l'information depuis 15 milliards d'années : 5 milliards d'années pour passer des particules atomiques aux planètes. Un milliard d'années plus tard, des cellules avec un noyau et ainsi de suite jusqu'à nous... (Cela s'est un peu accéléré ces derniers temps.) Chacune des cellules de notre corps, des bactéries et virus permettant le bon fonctionnement de notre organisme ne sont que la suite logique de l'information initiale dont la vie et la mort constituent le processus de base du moteur de l'univers. Quand on meurt, il semblerait qu'on se remette en contact avec cette lumière « originelle » telle qu'elle est décrite par ceux qui ont vécu une expérience de mort imminente (EMI – NDE) et qui en sont revenus.

Ce mécanisme trou noir/fontaine blanche existe aussi bien à l'échelle de l'univers qu'à l'intérieur de nos cellules, au niveau des particules élémentaires.

La structure atomique de notre corps est reliée en permanence à tous les phénomènes de l'univers. Nous pouvons nous mettre en harmonie avec l'univers tout comme un diapason va faire vibrer un autre diapason quand ils se synchronisent sur la même fréquence. On pense souvent à tort que tout dans l'univers suit les mêmes règles, les mêmes lois, mais en fait, il existe des seuils au-delà desquels les lois ne sont pas les mêmes.

Quand vous roulez en voiture, pour passer de 60 km/h à 70 km/h, vous passez par toutes les vitesses intermédiaires entre 60 et 70 km/h. En revanche, quand un électron qui gravite autour du noyau change d'orbite, il va passer d'une orbite à l'autre, sans passer par les étapes intermédiaires ; c'est ce que l'on appelle le saut quantique. Toujours en physique quantique, on a constaté qu'un électron pouvait passer simultanément par deux portes différentes : la matière nous joue parfois de drôles de tours, en désaccord avec notre logique humaine basée sur notre expérience macromoléculaire.

On sait qu'il en va de même pour le temps qui ne défile pas de la même manière dans l'univers suivant le référentiel donné ; et que dire des positrons et des antiparticules qui remontent le temps à l'envers…

L'infini est un concept difficile à appréhender par notre cerveau humain. Mathématiquement, on sait qu'un nombre puissance infini est égal à l'infini, mais qu'en est-il de l'infini puissance infini (∞∞) ? Une autre aberration mathématique, mais que l'on peut quand même écrire.

Est-ce que finalement 00 n'est pas égal à ∞∞ ?

Est-ce que la différence entre le trou noir et la fontaine blanche ne correspond pas à la différence entre 0+ et 0- ?

Est-ce que notre vie n'est pas la combinaison d'une logique rationnelle et d'une vésanie insensée ?

Vivre, c'est se poser des questions.

Comprendre, c'est admettre que l'on ne sait pas tout.

Exister, c'est se mettre en contact avec cette information première.

La chance, c'est la mise en résonance de l'information dans un plan spatio-temporel.

On crée la chance de la même manière que s'organisent des grains de sable dans un bac en fonction de la longueur d'onde de la fréquence vibratoire émise. Notre corps humain est en même temps un émetteur et un récepteur : nous avons la capacité d'émettre des fréquences sonores (les sons), mentales (les pensées), moléculaires (les mouvements), bactériennes (le système digestif appelé également deuxième cerveau), énergétiques (le cœur ou troisième cerveau) et nous sommes, en même temps, une antenne qui va capter les énergies telluriques, cosmiques, magnétiques, électriques, vibratoires de l'univers. Notre « processeur » multifonction fait en permanence les ajustements de tout cela en tenant en compte de la contradiction entre notre réalité régie par les lois de la matière et du temps et notre lumière fondamentale où la matière et le temps n'existent pas.

Nous ne savons pas de quoi va être faite la seconde suivante et en même temps le passé et le futur sont contenus dans l'instant présent.

Nous tenons à notre moi, notre personnalité, qui est la somme de nos cellules, et en même temps, nous sommes l'univers et l'univers est en nous.

Au-delà du gain d'Élisa et de la maladie de Pierre, il y a fondamentalement la lumière originelle d'où est issue la vie, et la chance c'est de pouvoir se relier à cette lumière.

À tout moment de notre vie, nous pouvons mettre en place la reliance – ce lien entre notre être et l'autre, les autres, l'univers.

À ce moment-là, la chance suit, la tristesse s'enfuit et l'amour s'ensuit.

Avoir de la chance seule, c'est comme posséder un trésor dont on ne peut rien faire.

Élisa gagne au Loto, mais comment va-t-elle se mettre en lien avec les autres ?

Cette chance peut facilement se transformer en malchance et en malheur.

Pierre peut découvrir un autre mode vie grâce à son cancer et utiliser sa maladie pour se reconnecter à la vie et mettre en pratique la reliance avec les personnes qui lui sont proches.

Cette malchance devient sa chance et son bonheur.

On dit bien qu'il vaut mieux vivre ses rêves que de rêver sa vie !

La vie n'est qu'un rêve, mais quelle chance de vivre ce rêve.

Remerciements

Je remercie Isabelle Laffont, mon éditrice depuis vingt-cinq ans. Ce livre prend ses racines lors de ce déjeuner dans notre maison de Sant Maur, il y a bien des années, où tu nous as invités, Jean Bernard et moi, à écrire notre histoire de couple (déjà). L'idée ne nous a jamais quittés. Au cours des années, nous avons couché quelques lignes, évoqué des chapitres. Le texte de Jean Bernard sur la chance fait partie de cette aventure. Écrire, écrire un livre, l'idée le motivait. Après sa mort, il me fallait lui rendre hommage, inscrire sur le papier cette histoire de vie que nous nous étions promis de rédiger ensemble. Le parcours de ces cinq derniers mois était si dense qu'il requérait un livre à lui tout seul, mais je ne lâche pas la plume. Merci Isabelle.

Merci aussi à Véronique Cardi qui m'a fait confiance et à Clara Dupont-Monod qui m'a encouragée au long de l'écriture. Merci à ma toute première relectrice, Isabelle Crouzet.

Quand je pense à toi, Jean Bernard, j'éprouve tant de gratitude pour tout ce que nous avons vécu, partenaire !

Mon cœur est plein de notre amour. J'ai tant d'admiration pour ton attitude pendant cette si douloureuse traversée, ta dignité, ton sourire, ta générosité, ton désir d'apprendre et ton attention à autrui jusqu'au bout. Merci.

Un immense merci à nos deux enfants. Margot et Adrien. Je suis chaque jour émue de rencontrer de si belles âmes. Vous avez été des partenaires incroyables pendant ces cinq mois et vos qualités de cœur continuent de m'éblouir chaque jour. J'ai vu tant d'amour entre vous et votre papa que mon cœur se réjouit. C'est si bon de ne pas avoir de regret. Vous avez été là pour votre père, pour moi et l'un pour l'autre. Merci à vos partenaires respectifs, Chris et Stefània, pour leur soutien et pour avoir assuré l'intendance avec constance.

J'éprouve une immense gratitude envers toi, Gérard, et tant d'admiration, pour avoir su donner à ton fils ce dont il avait besoin. Je suis heureuse de la tendresse qui nous unit désormais.

Merci à Carole pour ta présence douce auprès de ton frère, ta disponibilité au téléphone pour me rassurer, pour juste parler.

Merci à ma famille qui m'a si bien soutenue et entourée. Merci à toi papa, décédé depuis. Merci maman, Merci Vincent, Jean-Denis, Karina, mes frères et ma sœur. Merci à ma cousine Charlotte. Merci pour votre présence, votre contribution, chacun selon votre talent. Un merci tout spécial à Odile pour l'enquête au cimetière. Merci à Bhama, à son mari et à la famille de ce dernier pour leur accueil inconditionnel. Merci à Pierre, Vasundhara, Mani, d'avoir été là, simplement.

Merci à nos deux fantastiques infirmières, Florence et Hélène. Vous avez été mes appuis. Ma gratitude et mon admiration transparaissent suffisamment dans le livre pour que je n'en rajoute pas. Merci pour notre amitié qui perdure.

Merci aux nombreux médecins connus et inconnus qui nous ont soutenus et accompagnés. Merci à Olivier, Louis Marik, François, Carine et Florella.

Merci à vous, Dr Barrié, qui nous avez accueillis le jour du diagnostic et tournés vers le parcours de soins. Mes enfants et moi vous remercions pour votre empathie, votre authenticité et votre honnêteté. Nous nous sommes sentis accompagnés.

Merci à Solange, notre infirmière coordinatrice, pour votre accueil téléphonique efficace, attentif et toujours chaleureux.

Merci aux équipes soignantes, infirmier.e.s, aides-soignant.e.s, agents hospitaliers, médecins, internes, brancardiers, des services du rez-de-chaussée, du 5ᵉ, du 9ᵉ et du 12ᵉ, et bien sûr des urgences. Nous avons été traités avec beaucoup de bienveillance. Un petit merci particulier pour le sourire de la « dame des étiquettes ». Merci aux pharmaciens et aux fournisseurs de matériel médical, avec une mention spéciale pour l'infirmier-pharmacien d'Abadiânia.

Un merci tout spécial à Tatiana, bien sûr, qui a participé à notre sentiment de sécurité.

Merci à toi, Jean-André. Jeune homme corse dont je n'ai pas pris les coordonnées. Je t'espère enfin guéri après ces années de lourds traitements. Je salue tes parents si proches, si attentifs et aimants.

Merci à toute l'équipe de la Maison de Gardanne. Un merci tout spécial au Pr Lapiana pour le temps et l'attention que vous nous avez consacrés et pour avoir permis qu'enfin mon mari soit soulagé. Merci Isabelle et Laurence qui avez été nos ponts vers la Maison.

Merci à mon équipe qui a assuré, me permettant d'être disponible pour Jean Bernard. Merci à Raphaël, Patricia, Fanny et Laurence. Merci à Patrick et à Corinne.

Ma gratitude va vers toute l'équipe de Vivre-Mieux qui a tenu le bateau à flots. Mes pensées vont aussi vers l'équipe de Moskid, la première société de Jean Bernard. Jean Bernard s'attachait à chaque personne qui travaillait avec lui. Il aimait les gens. Chacun existait vraiment pour lui dans sa spécificité. Merci à ses fournisseurs et à ses clients, merci à tous ceux qui l'ont aimé et nous l'ont fait savoir pendant la maladie et après sa mort. Merci à notre voisin et entrepreneur d'avoir pris en charge la gérance de la société à un moment de grande incertitude.

Merci à chacun des « personnages » de ce livre, qui ont partagé ces moments si douloureux, mais aussi si beaux. Merci Marcel, Maxime, Max, Alain, Jean-Charles, Hervé, Nicolle, Antoine, Alexandre, Jean-Luc, Michel R., Éric, Sergio, Claudia, Alain, Alain et Sophie, Michel M., Tereza, Emmanuel, Michelle, Richard, Cyriaque ; les copains militants de la Roue (monnaie alternative aixoise), nos voisins : Antoine, Isabelle, Marc, Alba, Daniela, Isabelle, Gaël, Brigitte, Christine, Xavier, Jaqui et les autres. Un merci du fond du cœur pour les pompes funèbres, pour leur délicatesse et leur humour, tant dans le Sud et à Paris.

Merci à tous ses amis bouddhistes, ceux de la première heure à Paris et ceux du Sud. Merci à tous les inscrits au groupe Facebook « autour de Jean Bernard », véritable cahier de bord qui a conservé la mémoire de tant de détails que j'aurais sinon oubliés. Vos messages d'amour ont éclairé le cœur de Jean Bernard. Merci à toutes les personnes qui ont pris la parole lors de la levée de corps à Aix en Provence, puis des funérailles au Père-Lachaise, mais aussi lors des deux cérémonies bouddhiques. Ces témoignages ont éclairé l'homme qu'était Jean Bernard, drôle, curieux de tout, généreux et spirituel et qui aimait tellement créer du lien entre les gens.